D0497927

LUTHER KING

TETON COUNTY LIBRARY
JACKSON, WYOMING

Colección
Grandes Biografías

© EDIMAT LIBROS, S.A.
c/ Primavera, 35 Pol. Ind. El Malvar
Arganda del Rey - 28500 (Madrid) España

Edición Especial para
**Ediciones y Distribuciones
PROMO-LIBRO, S. A. de C. V.**

Primera edición *EDITORS, S. A.*

Título: *M. Luther King*
Diseño de cubierta: *Juan Manuel Domínguez*

Dirección de la obra:
*FRANCISCO LUIS CARDONA CASTRO
Doctor en Historia por la Universidad de
Barcelona y Catedrático*

Coordinación de textos:
*MANUEL GIMENEZ SAURINA
MANUEL MAS FRANCH
MIGUEL GIMENEZ SAURINA*

ISBN: 84-8403-856-4
Depósito legal: M-48393-2002
Fecha de aparición: Febrero 2003

Imprime: *LAVEL Industria Gráfica*

Reservados todos los derechos. El contenido de esta obra está portegido por la Ley, que establece penas de prisión y/o multas, además de las correspondientes indemnizaciones por daños y perjuicios, para quienes reprodujeren, plagiaren, distribuyeren o cumunicaren publicamente, en todo o en parte, una obra literaria, artística o científica, o su transformación, interpretación o ejecución artística fijada en cualquier tipo de soporte o comunicada a través de cualquier medio, sin la preceptiva autorización por escrito del propietario del copyright.

IMPRESO EN ESPAÑA - PRINTED IN SPAIN

INTRODUCCIÓN

«*Resistencia pasiva no es un nombre adecuado para la resistencia no violenta. Esta resistencia pasiva es mucho más activa que la segunda. Es directa, sin descanso, y tiene tres cuartas partes invisibles y una cuarta parte visible. Debido a su invisibilidad parece que sea ineficaz, por ejemplo, la rueda de afilar que yo ya he llamado símbolo de la no violencia. En su parte visible también parece ineficaz, pero en realidad es tremendamente activa y más eficaz a largo plazo. Este conocimiento me permite detectar fallos en el camino que están recorriendo los devotos de la no violencia. La no violencia es una fuerza intensamente activa cuando se comprende y se usa adecuadamente. La actividad de una persona no violenta es más visible mientras dura, pero siempre es transitoria. ¿Qué puede haber de más visible que los abisinios muertos por los italianos? Allí hubo una violencia muy pequeña contra una muy grande. En realidad, todos los milagros se deben al trabajo callado y eficaz de una fuerza invisible. La no violencia es la más invisible y la más eficaz de todas las fuerzas.*»

Estas son unas palabras pronunciadas por el Mahatma Gandhi, verdadero adalid de la no violencia y de la libertad de los pueblos y las gentes. Gandhi fue, en realidad, el faro que iluminó toda la vida, toda la actuación no violenta de Martin Luther King, llamado por la Historia el «Mártir de la Paz».

Y estas palabras de Gandhi pueden compararse con las que Luther King pronunció en su famoso discurso del Memorial

5

Lincoln de Washington el 28 de agosto de 1963 ante más de doscientas cincuenta mil personas:

«Ayer soñé que llegará un día en que esta nación se levante y viva de acuerdo con el verdadero significado de su credo. Sostenemos que éstas son verdades evidentes, que todos los hombres fueron creados iguales... Yo albergo el sueño de que un día mis cuatro hijos vivirán en una nación en la que no serán juzgados por el color de su piel sino por el contenido de su personalidad. Yo albergo el sueño de que un día todo valle será elevado, toda colina y montaña será aplanada. Los sitios ásperos serán alisados, los torcidos serán enderezados. Esta es la fe con la que vuelvo al Sur. Y con esta fe podremos extraer de los montes de la desesperación la piedra de la esperanza, luchando juntos, yendo juntos a la prisión, defendiendo juntos la libertad por saber que un día seremos libres. Cuando dejemos que la libertad resuene en cada pueblo, en cada aldea, en cada Estado y en cada ciudad, podremos acelerar la llegada del día en que todos los hijos de Dios, blancos y negros, judíos y gentiles, protestantes y católicos, podamos estrecharnos las manos y cantar con las palabras del viejo espiritual negro: ¡Libres al fin! ¡Libres al fin! ¡Gran Dios Todopoderoso, al fin somos libres!»

Este fue el sueño de Martin Luther King, sueño que debe proseguir más allá de su tumba, tras ser cobardemente asesinado el 4 de abril de 1968.

Bibliografía

GERARD PRESLER: *Martin Luther King*, Ed. 62, Barcelona, 1990.

M. L. KING: *La força d'estimar*, Aymâ, S.A. Editora, Barcelona, 1981.

M. L. KING: *Col. Caminos abiertos*, Ed. Hernando, Madrid, 1977.

FERNANDO DÍAZ-PLAJA: «El asesinato de Martin Luther King», *Los Grandes Hechos del siglo XX,* vol. 9, Ed. Orbis, 1982.
— *«El asesinato de J. F. Kennedy», íbid.,* vol. 8.
VV.AA. *Siglo XX,* Historia Universal, núm. 5, 25: *La era Kennedy,* y 32: *El mayo francés,* «Historia 16», Madrid, 1983 y 1985.
— *Historia Gráfica del Siglo XX, tomo VII (1960-1969),* Ed. Urbión, Madrid, 1983.
R. PINILLA: *Martin Luther King, Madame Curie, Garibaldi,* Ed. Moreton, Bilbao, 1980.
J. RODRÍGUEZ LÁZARO: *Martin Luther King,* Astoreca, Bilbao, 1982.
VV.AA. *Martin Luther King,* Norma, Bogotá, 1979.
Th. C. SORENSEN: *Kennedy, el hombre, el presidente,* Grijalbo, Madrid, 1966, 2 vols.
H. SVDEY: *J. F. Kennedy, presidente,* Ed. Juventud, Barcelona, 1982.
A. KASPI: *Kennedy,* Ed. Salvat, Barcelona, 1985.
Prensa de la época: *La Vanguardia, El Correo Catalán, Informaciones, Tele-Exprés, ABC,* etcétera.

7

CAPÍTULO I

LA INFANCIA DE MARTIN LUTHER KING

En realidad, se llamaba Michael, pero más adelante cambió este nombre propio por el de Martin, seguramente no tanto por llamarse así su padre sino como homenaje al fundador del protestantismo, Martín Lutero (Luther en inglés).

Luther King nació en Atlanta, capital del Estado de Georgia, el 15 de enero de 1929.

Fue el mismo año en que la Bolsa de Nueva York sufrió el mayor descalabro de toda la historia de las finanzas, no ya sólo en Norteamérica sino en el mundo entero, descalabro que conllevó unas terribles repercusiones, desestabilizando para muchos años la economía mundial.

Debido a este crack bolsístico, hubo multitud de quiebras, derrumbamiento de imperios financieros e incluso suicidios. El mundo parecía haber entrado en una fase de locura colectiva precisamente cuando nacía el que, con el correr del tiempo, sería el gran adalid de la paz.

Martin Luther King había nacido en Georgia, el Estado norteamericano con mayor densidad de población negra, puesto que en aquella época contaba con unos dos millones cien mil habitantes de color, o sea una proporción con la población blanca superior a la de otros Estados del Sur como Carolina del Sur, Alabama, Florida o Arkansas.

Luther King había nacido en el seno de una familia de la clase media negra.

Su padre, Martin, era un ministro de la secta baptista dentro del protestantismo, y ejercía su ministerio en Atlanta. Fue él quien educó a su hijo en los principios cristianos de igualdad y paz.

Esta actitud venía ya de lejos en la familia de los King, teniendo en cuenta que su abuelo ya había sido ministro del Señor en la iglesia baptista Ebenezer, de la misma Atlanta.

Su hijo y padre de Martin Luther King, militaba en el movimiento de la «Asociación Nacional para el Progreso de la Gente de Color», de manera que el niño King nació en un ambiente sosegado, siempre en favor de la paz y de la completa igualdad entre los hombres, sin tener en cuenta su raza ni su credo religioso.

Atlanta, cuna de Luther King, es la capital del estado de Georgia, donde, lo mismo que en Carolina del Sur, Virginia, Mississippi, Alabama y Lousiana, prevalecen hoy día muchas de las antiguas costumbres y tradiciones que por espacio de más de doscientos años convirtieron al hombre negro en un esclavo.

Estos hábitos, estas costumbres, no han sido todavía demasiado modificados a pesar de ciertas legislaciones sobre este aspecto del inmenso país que es Norteamérica, tradiciones y hábitos que proceden ya de la guerra de Secesión, a pesar de la victoria que en la misma tuvieron los llamados abolicionistas.

Y esto lo demuestra de una manera palpable la existencia de esa siniestra organización que es el Ku-Klux-Klan.

El Ku-Klux-Klan

El Ku-Klux-Klan, nombre que se deriva de la palabra griega *Kyclos,* que significa círculo, y del término inglés clan, referente a grupo, familia, etcétera, es una asociación

Martín Luther King, el mártir de la paz entre las razas.

de carácter secreto, incluso misterioso, con miras político-sociales.

El Ku-Klux-Klan se fundó para contrarrestar las medidas que el gobierno de los Estados Unidos tomó con el fin de restablecer el orden en los estados del Sur del país, una vez hubo finalizado la guerra de Secesión.

Esta asociación llegó en sus principios a contar con más de quinientos mil miembros, habiéndose extendido por toda Norteamérica, particularmente por los Estados más afectados por las mencionadas medidas, de manera especial en Alabama, Georgia, Carolina del Norte y del Sur, Florida, etcétera.

Los afiliados al Klu-Klux-Klan apelaban a la violencia, llegando hasta el asesinato y los incendios.

En 1871, el gobierno adoptó enérgicas medidas contra el Ku-Klux-Klan, si bien, tras un período de calma, volvió a emplear la violencia.

En principio, se trataba de una sociedad de recreo, pero más adelante apoyó los esfuerzos oficiales para reprimir la desmoralización y la turbulencia de los negros, y pronto se pervirtió en sus bases, siendo abandonada por las personas respetables, llegando entonces a ser una simple banda de gentes dedicadas a toda clase de tropelías contra los negros.

En esta nueva reaparición, añadió al odio a los negros el odio al catolicismo, llegando a cometer grandes crímenes.

Cuando subió al poder presidencial Harding, intentó acabar con el Ku-Klux-Klan, mas sin conseguirlo. Sin embargo, en el año 1920 se produjo en Estados Unidos un levantamiento popular contra esta asociación secreta, levantamiento apoyado por el New York World, que publicó diversos artículos en contra, y un Comité especial del Congreso que investigó los atropellos cometidos por los afiliados al Ku-Klux-Klan.

Dicho Comité llegó a contabilizar, sólo en los últimos años de actuación a cargo de esta sociedad, 4 muertes, 1 mutilación, 1 incendio, 41 flagelaciones, 27 emplumamientos con brea, 7 raptos, 43 expulsiones de localidad, 15 comunidades amenazadas con carteles y pancartas, 16 desfiles de enmascarados también con pancartas, etcétera.

El Ku-Klux-Klan, lejos de haberse disuelto o haber desaparecido, tuvo un recrudecimiento de sus actitudes hacia 1922.

De todo el mundo es conocido el atuendo, con máscaras y capuchas, que llevan los miembros de tan nefasta asociación, tanto en sus reuniones como en los desfiles que, según ellos, sirven para atemorizar a los negros y a los blancos que simpatizan con ellos.

Y fue con este ambiente hostil a la población de color con lo que se encontró Martin Luther King cuando empezó a crecer y a estudiar.

Formación de un carácter

A los seis años de edad, el pequeño Martin ya solía preguntarle con frecuencia a su madre, cuando observaba las marcadas diferencias existentes entre los niños blancos y los niños negros como él:

—¿Qué les pasa a los niños negros, mamita? ¿Acaso no somos también hijos del Señor?

Era ésta una pregunta que tenía justificación, puesto que en aquella época y en muchos Estados norteamericanos, había multitud de negros que se morían literalmente de hambre, en tanto que los grandes latifundistas tenían sus tierras en barbecho y recibían del gobierno, anualmente, millones de dólares para que no sembrasen productos alimenticios ni algodón.

De esta manera, millares de trabajadores negros se quedaban en paro, casi sin comida, por lo que se veían obligados a emigrar a otras ciudades u otros Estados, abandonando el campo donde habían nacido, a fin de aumentar los ghettos de Nueva York, Detroit, Chicago, Washington o Los Angeles.

En el caso concreto de Luther King, existen varias anécdotas relativas a la formación de su carácter, relatadas por él mismo:

> *Cierto día, en que paseaba junto con mi padre, por una calle periférica de Atlanta, entramos en una zapatería, y nos acomodamos en unos asientos que estaban vacíos. Poco después, se nos aproximó un dependiente de piel blanca, el cual nos espetó:*
>
> *—Les agradeceré, si desean que les sirva, que pasen a los asientos posteriores, pues éstos están reservados a los clientes blancos.*
>
> *—Oh —replicó rápidamente mi padre, con firmeza—, estos asientos ya son bastantes cómodos para nosotros.*
>
> *—Lo lamento —arguyó el dependiente—, pero tienen que mudarse de asiento.*
>
> *Mi padre, cuya paciencia empezaba ya a flaquear, respondió con sequedad al dependiente:*
>
> *—Está bien, entonces o adquirimos los zapatos sentados aquí o no los compramos.*
>
> *Tras lo cual, tomándome de la mano, salimos de la tienda sin los zapatos.*
>
> *—No sé cuánto tiempo tendré que soportar este sistema injusto —murmuró mi padre ya en la calle—, pero jamás lo aceptaré.*

De esta manera se iba formando el carácter y el espíritu del pequeño Luther King, el cual iba así aprendiendo que todos los individuos negros de Estados Unidos descendían de esclavos, que eran nietos y prácticamente hijos de esclavos, y esto a pesar de que en la escuela dominical enseñaban que la Declaración de la Emancipación databa del año 1863.

CAPÍTULO II

DISCRIMINACIÓN RACIAL

Debido a este estado de cosas, el mismo Luther King se veía obligado a asistir a la escuela dominical para negros, y jugar solamente con niños negros en sus barrios, puesto que no disponían de jardines ni parques para ellos.

Esto era así, hasta tal punto, que cuando el Tribunal Federal ordenó que los parques infantiles eran para todos, sin discriminación de ninguna clase, las autoridades de la ciudad de Atlanta prefirieron cerrarlos antes que aceptar una decisión beneficiosa para los negros, procedente del gobierno central de Washington.

En Atlanta, por ejemplo, era imposible comer en un restaurante que no estuviese dedicado exclusivamente a los negros, y éstos solamente los había en los barrios negros. En el templo, había una terrible segregación, no pudiendo un negro entrar en la iglesia destinada a los blancos. Estos aseguraban que respetaban a los negros, pero preferían tenerlos lejos, «encerrados en sus ghettos».

Martin Luther King también en otra ocasión comentó las actitudes de su padre y de él mismo, en estas cuestiones de discriminación racial.

Mi padre fue siempre un hombre de firmes convicciones, un verdadero luchador en pro de nuestros derechos. Una vez contempló un atentado contra un

17

grupo de pasajeros negros en un autobús, y nunca más volvió a subir a uno de los de Atlanta.

En efecto, mi padre soportaba el sistema imperante en el país, o al menos en los Estados del Sur, pero no lo aceptaba.

Así, otro día, iba yo con él por la ciudad, en un coche, y nos pasamos una señal de tráfico sin darnos cuenta. Un agente de tráfico nos paró.

—Vaya, chico, baja y muéstrame tu licencia de conductor.

—¡Yo no soy ningún chico! —replicó airadamente mi padre.

A continuación, me señaló a mí y añadió:

—Mi hijo sí es un chico, pero yo soy un hombre hecho y derecho y no le escucharé si no me trata como a tal.

Ante estas firmes palabras, el agente se puso nervioso, garabateó la multa en un papel, y rápidamente casi huyó de nosotros.

Más adelante, Luther King declaró a este respecto:

De joven nunca logré aceptar viajar en la parte trasera de un autobús o sentarme en el departamento segregado de un tren.

La primera vez que me vi obligado a sentarme tras una cortina en un coche-restaurante, sentí como si la cortina hubiese caído sobre mi alma. De muchacho, sentía el placer moral por las películas, y fui a un cine de las afueras de Atlanta, sólo una vez. La experiencia de tener que colocarme en la parte posterior, y sentarme en una galería sucia fue tan ingrata, que apenas me fijé en la película.

Tampoco pude acostumbrarme a las salas de espera segregadas, a los comedores separados en los restaurantes, en parte porque tal separación no estaba en igualdad de condiciones, en parte porque sólo la idea de tal separación hería mi sentido de dignidad y del respeto.

Lo cierto era que en todas partes sucedía lo mismo: en los talleres, en las fábricas, en los almacenes, allí donde trabajaban los negros, era forzoso que tuvieran que comer en sitios apartados, y utilizar solamente los lavabos, por ejemplo, que tenían el aviso humillante de «Colored».

Los barrios dedicados a los negros tampoco solían verse libres nunca de bombas, incendios y otros atropellos, por muy poco que alguno de los habitantes de tales barrios cometiese una infracción por pequeña que fuese.

Ya cuando sólo faltaban dos años para que fuese asesinado en Memphis, King explicó lo que significaba ser negro en Estados Unidos:

Ser negro en Estados Unidos significa estar confinado en los ghettos y las reservas. Ser uno más entre la multitud de los apaleados, de los linchados, de los atemorizados y de los vencidos.

Ser negro significa en Estados Unidos tener que luchar a brazo partido por una supervivencia física entre la agonía psicológica más difícil. Significa ver crecer a los hijos con la nube mental de la inferioridad oscureciendo el cielo del espíritu.

Ser negro significa que te condenen por cojo, tras haberte amputado ambas piernas. Y significa que te condenen por huérfano después de haber aplastado a tus padres con la explotación de cada día.

Significa sentirse totalmente alcanzado por el veneno de la amargura, puesto que no eres nadie y

este sentimiento será tu tormento durante el día y tu
vergüenza en el silencio de la noche.

En fin, ser negro en Estados Unidos significa el
dolor de sentir cómo el mal y la angustia matan todas
las esperanzas ya antes de nacer.

Estas palabras, producto de una creencia firme, de una convicción férrea de su espíritu, eran solamente el resultado de sus observaciones hechas en la niñez.

Los árabes o musulmanes norteafricanos iniciaron el drama del negro africano hacia el siglo XV, cuando fue descubierto como fuente de riqueza. Tras el descubrimiento de América y de la protección al indio ordenada por la Corona, los españoles lo sustituyeron por el tráfico de negros en gran escala para los trabajos mineros y de las plantaciones. Los portugueses, holandeses e ingleses siguieron los pasos de los españoles, corregidos y aumentados. Los primeros negros llegados a los futuros EE.UU. lo hicieron a Virginia en un buque holandés en 1619. Se trataba de un botín de veinte, capturado a un buque español.

En 1624 nació el primer negro en Norteamérica, y sería el pionero de muchos millones más. No se trataba ahora de los cristianos católicos que fomentaban la esclavitud, sino de los cristianos protestantes, los cuales, siguiendo en especial el Calvinismo, vencieron sus reticencias en cuanto a la esclavitud al pensar que eran elegidos del Señor si los negocios prosperaban. En 1669 se precisó un durísimo Código de la esclavitud de Virginia. Como en la época romana, el negro no fue considerado un hombre, sino una cosa, una herramienta de trabajo para aumentar la propiedad de sus amos.

La travesía de Africa en los barcos negreros era tan inhumana como la vida posterior para los que la resistían, pues muchos ya morían por el camino. Las voces de protesta contra esta situación eran aisladas y no encontraban eco. Así, en el siglo XVII las de la comunidad cuáquera de Pennsilvania o la del eclesiástico puritano Cotton Mather.

El nacimiento de los Estados Unidos de América representó un rayo de esperanza para las gentes de color, sobre todo, cuando en la Declaración de Independencia del 4 de julio de 1776 se estipulaba «como verdad evidente, que todos los hombres fueron creados iguales y dotados por su creador de ciertos derechos inalienables, entre los cuales el derecho a la vida, a la libertad y a la búsqueda de la felicidad».

La revolución industrial comportó una agudización del problema de la esclavitud en los Estados del Sur, necesitados de mano de obra para sus plantaciones de algodón. Las insurrecciones de esclavos fueron acalladas sangrientamente. Pero provocaron la aparición de voces entre los blancos con deseos abolicionistas: William Loyd Garrison, Henry D. Thoreau, que conoció y defendió el famoso «mártir rebelde» John Brown, Harriet Beecher Stowe, con su impactante La cabaña del tío Tom...

La política abolicionista de Abraham Lincoln, al llegar a la presidencia en 1860, provocó la Guerra de Secesión del Sur (1861-1866). El 1 de enero de 1863 una ley decretaba la libertad de todos los negros, pero una vez libres todavía no podían ser considerados ni ciudadanos, ni tener derecho a voto. La aparición del Ku Klux Klan trajo consigo un grave retroceso en las conciencias de los blancos. De la esclavitud se había pasado a la más abyecta servidumbre, de forma que los negros vivían fuera del derecho, del reconocimiento social y del respeto humano.

Pero los defensores del negro, aunque escasos, siguieron surgiendo. En 1909 el mestizo DuBois, profesor de universidad, fundó la «Asociación Nacional para el Progreso de las Gentes de Color» (NAACP). En 1914, debido al problema y a la violencia suscitada, se llegó a proponer que todos los negros volvieran a Africa, propuesta que años más tarde recogería el *Black Power.*

CAPÍTULO III

ESTUDIOS DE MARTIN LUTHER KING

Los estudios de teología

Hijo de un pastor protestante, era natural que Luther King se decidiese por la carrera eclesiástica. Y cuando hubo cumplido los dieciséis años de edad, en 1944, ingresó como novicio en el Atlanta Morehouse College. Es cierto que en su hogar, sus padres y él mismo gozaban de una situación privilegiada, particularmente en relación con la gran multitud de negros de la ciudad, pero la sensibilidad de Martin sentíase herida por la discriminación de que eran objeto sus hermanos de raza, y él mismo.

Una vez hubo concluido sus estudios en el Morehouse College, ya graduado en 1948, pasó al Seminario de Chester, para iniciar sus estudios de teología en firme.

La lectura de ensayos sociales estaba ya ejerciendo en él una serie de efectos que marcaron su espíritu para toda su corta existencia.

Leía con entusiasmo y delectación las obras de Platón, Rousseau, Aristóteles, Locke, Mill, y otras que le hacían reflexionar acerca de las injusticias humanas.

Hacia 1949, aprovechando unas vacaciones navideñas, según dijo él mismo, leyó las obras de Karl Marx, particularmente *El Capital* y *El manifiesto comunista*. Fueron estas lecturas, como réplica a las creencias, o mejor dicho la falta de creencias por parte de Marx, las que afianzaron más sus propias creencias religiosas.

> *Yo me hallaba sumamente interesado, desde mi juventud —escribió más adelante—, en la división entre las riquezas superfluas y la más abyecta pobreza, y mis lecturas de Marx me aferraron en esta decisión. Y a pesar de que el moderno capitalismo norteamericano ha logrado reducir las brechas mediante las introducidas reformas sociales, todavía hay la necesidad de una mejor distribución de tales riquezas.*

Naturalmente, uno de quienes más influyeron en las convicciones de Martin Luther King, especialmente en todo lo relativo a la no violencia como protesta eficaz, fue sin duda alguna Mahatma Gandhi. Este, por haber vivido largos años en África del Sur, donde tanto los negros como los hindúes sufrían y siguen sufriendo una discriminación racial muy acentuada, conocía bien lo que esto significa, por lo que habló mucho y escribió también mucho sobre ello, conmoviendo con sus palabras el espíritu bien abonado de Luther King.

Gandhi —dijo King en cierta ocasión—, fue para mí un resplandor luminoso, que me abrió las puertas de un mundo nuevo. Ah, qué cosa tan magnífica es la no-violencia, la resistencia pacífica.

Coretta Scott

Una vez finalizados sus estudios en el seminario de Chester, Luther King, aunque teniendo que vencer un sinfín de obstáculos, emprendió el camino de Boston, la ciudad más refinada y culta de Estados Unidos, a fin de concluir sus estudios teológicos, en la famosa universidad de Harvard, en la Facultad de Teología.

24

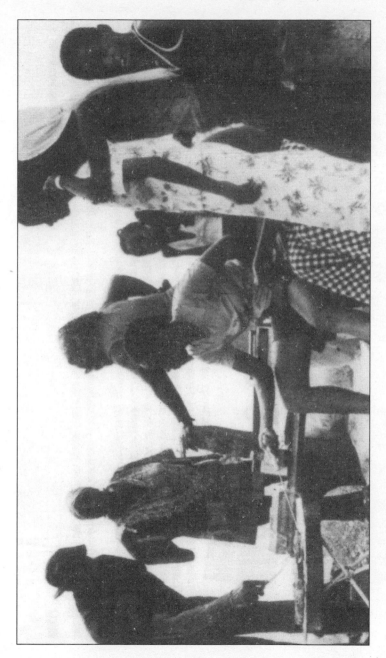

En su infancia, el pequeño Martin conoció el problema de los «ghettos» negros en las grandes ciudades.

Harvard, para los norteamericanos, es una institución casi mágica, el sueño dorado de todos ellos. Y fue precisamente en Boston donde conoció a la mujer con la que uniría para siempre su vida: Coretta Scott.

La conoció a comienzos del año 1953, gracias a una amiga de ambos que los presentó. Coretta estaba estudiando en el Conservatorio de Música de Nueva Inglaterra, donde había ingresado gracias a una beca extraordinaria con que la había dotado una academia del Sur.

Coretta, lo mismo que Martin, pertenecía a una familia acomodada. El noviazgo fue rápido, puesto que Martin ansiaba establecerse, fundar un hogar y dedicarse a sus predicaciones. Por eso, trató de apresurar el final de sus estudios, mientras Coretta haría lo mismo en el Conservatorio.

Y fue en junio de 1953, el día 18, en el jardín de la casa de los padres de Coretta, en la localidad de Marion, donde el mismo padre de Martin, unió a ambos jóvenes en el santo matrimonio. Martin Luther King, además de un hombre casado, y pronto sería ministro de la iglesia protestante, en su versión baptista.

Coretta Scott, nacida en 1927 en Marion, Alabama, estudiaba canto en el Antich College para llegar a ser concertista. A partir de su matrimonio, su carrera, su ilusión de concertista la sacrificó en aras de su amor. Coretta se entregó intensamente a vivir al lado del hombre de su vida, como mujer de un clérigo al que bullían en su mente los más altos ideales de entrega y desprendimiento. Por su parte, King no se cansaría de confesar: «Coretta poseía todo lo que yo había esperado desde siempre en la mujer de mi elección. Se trata sólo de cuatro cosas y las tenía todas: las cuatro cualidades que yo busco en una mujer son: carácter, inteligencia, personalidad y belleza.»

El padre de Coretta, a fuerza de sacrificios también y plena dedicación en la explotación durante muchos años de un propietario blanco, había podido emanciparse y colocarse al frente de una extensa propiedad agrícola que había sacado adelante con fructífero rendimiento. Hombre culto, «hecho a sí mismo» como tantos de sus oponentes blancos, algunos de los cuales le miraban con gran envidia, aunque su mejor carácter acallaba cualquier amenaza, poseía como extraordinaria riqueza en aquella época y más para un hombre de color, un magnífico gramófono y una extraordinaria colección de discos de canciones folklóricas y de iglesia que a buen seguro hicieron las delicias de la enamorada pareja. Porque entre Coretta Scott y Martin se produjo el maravilloso espectáculo en que una mujer y un hombre se lo pueden dar todo y significarlo todo para el otro.

El matrimonio decidió terminar sus estudios en Boston. Para ello se establecieron en una casa de cuatro habitaciones no lejos del conservatorio. Estaban deseosos de graduarse e iniciar su vida pública sin depender de nadie. En 1954 Coretta King aprobó el examen de final de curso en el conservatorio. Por su parte, King, tras su graduación, alcanzaría el grado de doctor con una tesis que presentó a comienzos de 1955 en la Universidad de Boston, y así consiguió el título de doctor en Filosofía tras un brillantísimo examen oral realizado el 5 de junio de 1955. En el mundo, la finalización de la guerra de Corea y la muerte de Stalin en 1953, había iniciado una tímida distensión en la nefasta política de bloques. Distensión a la que no eran ajenos el presidente Eisenhower, de un lado, republicano, que había sucedido al demócrata H. Truman en la Casa Blanca, y N. Kruchev en la Unión Soviética, tras desembarazarse de sus rivales en la lucha por el poder suscitada a la muerte del Zar Rojo. Sin embargo, densos nubarrones se estaban formando en el horizonte de la historia de la humanidad... Vietnam, Hungría, Suez, el Líbano, Palestina...

CAPÍTULO IV

LUTHER KING, EN MONTGOMERY

Cuando se hubo graduado, Luther King tuvo que elegir entre las diversas posibilidades que se le ofrecían, principalmente por haber finalizado sus estudios con excelentes notas. Por un lado, una iglesia en Massachussetts solicitaba sus servicios como predicador, y la misma oferta había recibido de otra iglesia de Nueva York; por otro, otras instituciones pedagógicas reclamaban también sus servicios, ya como profesor, rector o en algún puesto administrativo.

Pero de pronto llegó otra oferta altamente sugestiva para él: la iglesia baptista de la avenida Dexter de Montgomery estaba sin pastor y deseaba que Luther King ocupase el puesto vacante. Allí conocían bien a su padre y pensaban que el hijo resultaría una gran adquisición para la comunidad.

Montgomery significaba regresar al Sur que él tanto amaba, y donde estaba seguro de poder realizar una labor muy eficaz, en consonancia con sus ideas antisegregacionistas.

No lo dudó un instante. Él y Coretta se trasladarían al Sur, precisamente a Montgomery, una localidad próxima a Atlanta, sosegada y quieta... al menos en la superficie.

La iglesia de la avenida Dexter

Era una iglesia pequeña, a la que concurrían no más de trescientos feligreses, pese a lo cual tenía una gran relevancia en la vida de la comunidad. King preparó un buen sermón, pero al llegar la hora de pronunciarlo prefirió abandonarse a la improvisación, confiando en sus dotes oratorias.

Luther King, por consiguiente, había decidido vivir en el Sur, a pesar de sus prejuicios raciales, o tal vez a causa de éstos, aunque no le resultó demasiado fácil adoptar tal decisión.

> *Nunca quisimos que se nos tomara como espectadores destacados* —explicó él más adelante respecto a su decisión—. *Cuando la discriminación racial se hizo más intensa en el Sur, creímos que algunos de los negros que habían recibido parte de su formación en otros sitios del país, volverían para compartir sus amplios contactos y experiencias pedagógicas en la solución del problema.*
>
> *No obstante, pese a haber sacrificado mucho de nuestra vida cultural, pese a la existencia del «Jim Crow» que nos recordaba a cada instante el color de nuestra piel, teníamos la seguridad de que algo importante iba a suceder en el Sur, y deseábamos estar presentes para dar testimonio de ello.*

Efectivamente, algo tremendamente importante, algo que marcaría para siempre la vida y los pasos de Martin Luther King, estaba a punto de ocurrir en la pequeña localidad de Montgomery, algo que sería como la chispa que haría estallar la bomba antisegregacionista, algo que lanzaría a Martin Luther King a la lucha no-violenta en favor de los derechos de los negros en Norteamérica.

La señora Rosa Parks

Fue una mujer negra insignificante, realmente, la que preparó la mecha que no iba a tardar en estallar. Las cosas sucedieron así:

30

Montgomery era, como dijimos, una pequeña ciudad que disponía de ciertas riquezas, como algodón, ganado y madera, contando asimismo con una abundante producción de abonos sintéticos.

No obstante, no había industrias en la región, por lo que las condiciones de los habitantes negros, teniendo que dedicarse exclusivamente a las labores del campo, eran ciertamente humillantes. En realidad, las mujeres negras se dedicaban al servicio doméstico, mientras que los hombres de color o bien formaban parte de la servidumbre o eran braceros y jornaleros.

Los blancos estaban mucho mejor considerados, naturalmente, que los elementos de color, y también existía una gran diferencia en los emolumentos percibidos por unos y por otros.

La segregación, por consiguiente, reinaba en la ciudad, lo mismo que en casi todas las del Sur.

Las escuelas —contó más tarde el propio Martin Luther King—, estaban también segregadas y la decisión del Tribunal Supremo de Estados Unidos de integrarlas, decretada en mayo de 1954, parecía no tener efecto ninguno en Montgomery, ya que las autoridades blancas estaban dispuestas a ignorarla. Por ejemplo, si un blanco y un negro querían utilizar un taxi al mismo tiempo, esto era imposible, puesto que de acuerdo con la ley los taxistas blancos debían servir exclusivamente a pasajeros blancos, mientras que los negros disponían de un servicio de taxis sólo para ellos.

Es cierto que blancos y negros convivían como amos y servidores, y que iban a sus trabajos respectivos juntos, en los extremos de los mismos autobu-

31

ses, pero con una línea divisoria entre la clase blanca y la negra.

Compraban en los mismos sitios, pero los negros estaban obligados a aguardar a que todos los parroquianos blancos fuesen atendidos, y luego casi nunca los trataban con respeto.

Y en medio de estas tensiones soterradas, estalló la mecha, a causa de la mencionada señora Rosa Parks.

Fue el 1.º de diciembre de 1955, ya casi de anochecido, cuando Rosa Parks, de tez negra, y modista de profesión, subió al autobús que tomaba todos los días para regresar a su casa, al término de su dura jornada laboral.

Aquella tarde, la señora Parks decidió obrar lógicamente, y como estaba muy cansada, se sentó en el primer asiento libre detrás del departamento reservado a los blancos.

Unos minutos más tarde, el revisor del autobús se le acercó y le ordenó, como también a otros tres negros, que cedieran sus asientos a otros pasajeros blancos.

Por no haber más asientos libres, la señora Parks tenía que sacrificarse y ceder el sitio a un hombre blanco, que con toda seguridad era más joven y estaba mucho menos cansado que ella. Bien, los tres negros obedecieron rápidamente la orden dada, pero la señora Parks se negó a levantarse, y continuó sentada, con toda tranquilidad. El hombre blanco, de aspecto atlético, empezó a injuriar a la mujer negra, junto con los insultos proferidos por el revisor.

Y finalmente, el revisor hizo parar el autobús, llamó a unos agentes y éstos, tras esposar a la pobre negra, la llevaron a la comisaría del distrito. Una vez allí, declaró:

—Estaba mortalmente cansada y me dolían mucho los pies. ¡Nada más!

Cuando la noticia se propagó por la pequeña ciudad, un ciudadano que era miembro del Comité de Demócratas

Progresivos de la ciudad, uno de los pocos líderes negros realmente sólidos, con que contaba aquella comunidad negra, fue quien abonó la fianza impuesta a Rosa Parks. También fue él quien llamó a King para relatarle lo ocurrido a la modista negra.

CAPÍTULO V

BOICOT A LOS AUTOBUSES

Martín, lo mismo que Nixon, y que Ralph Abernathy, otro amigo de Nixon, juzgó que había llegado el momento de pasar a una acción de toda la comunidad negra de la ciudad. Pero Martin, fiel a las ideas de Gandhi, estaba en favor de la lucha no violenta, de la protesta silenciosa.

En una de sus declaraciones, Mahatma Gandhi había dicho tajantemente:

> Es preciso emplear la no violencia en cualquier circunstancia. Pero hay que tener en ello una fe viva. Ni siquiera cuando nos rodea una oscuridad impenetrable, es preciso no abandonar la esperanza. Una persona que cree en la no violencia, cree en un Dios vivo. No puede aceptar jamás la derrota. Por eso mi consejo es siempre la no violencia, pero la del valiente, nunca la del cobarde.

Ésta era la idea de Martin Luther King. Y Nixon le había dicho poco antes que era necesario hacer el boicot a los autobuses de Montgomery.

Martin, apoyado en esto por Abernathy, creyó viable la idea, como medida de presión, pero era preciso organizarlo todo minuciosamente y bien.

Y los tres hombres se pusieron de acuerdo en que era urgente convocar una asamblea con todos los líderes religiosos de la comunidad, en donde abundaban los metodistas y los baptistas, a fin de tener un cambio de impresiones y buscar una serie de puntos básicos con que iniciar el boicot.

La asamblea, una vez celebrada, arrojó un saldo positivo: todos estuvieron a favor del boicot. Y publicaron una octavilla en la que la gente de color pudo leer:

> *No uséis el autobús para ir al trabajo, a la ciudad, a la escuela o a cualquier otro sitio, el lunes, 3 de diciembre.*
>
> *Ha sido detenida otra mujer negra, y encarcelada por negarse a ceder su asiento en el autobús.*
>
> *No uséis los autobuses para ir a alguna parte ese día, 3 de diciembre. Los que trabajen deben tomar un taxi o ir andando.*
>
> *Acude a la reunión del lunes, a las 7 de la tarde, en la iglesia baptista de Holt Sheet para más instrucciones.*

Lo más peliagudo era hallar soluciones rápidas para el conflicto del transporte. Y se constituyó un comité que debía contactar con los empresarios de las compañías de taxis de la ciudad (los empresarios de compañías negras, naturalmente), a fin de que consintiesen en llevar a los usuarios negros por el mismo precio del billete de autobús. Todos los empresarios accedieron a tal petición, por lo que la vasta operación de boicot se anunciaba como un claro éxito.

Pero Martin estaba nervioso. Ignoraba qué ocurriría al día siguiente. ¿Responderían los negros a la llamada que les había sido formulada?

Más adelante, el propio King resumió de este modo sus pensamientos de aquella noche:

> *Creí que el término boicot era realmente falso para nuestra acción. En efecto, un boicot sugiere una repre-*

El Ku-Klux-Klan era una sociedad secreta fundada al final de la Guerra de Secesión.

sión económica y tiene un sentido negativo. Pero nos-
otros estábamos interesados en algo positivo. Nuestro
interés no era arruinar a la empresa de autobuses
sino que decidiesen negociar con nosotros, con toda
justicia.

Dándole vueltas a mi cabeza, comprendí que lo
que en realidad hacíamos era retirar nuestra coo-
peración a un sistema injusto, y no retirar nuestro
apoyo económico a esa empresa.

Y oí como una voz que me decía: «Quien acepta
el mal pasivamente está tan mezclado con él como
el que ayuda a perpetrarlo. El que acepta el mal sin
protestar colabora con él.»

Cuando las gentes oprimidas aceptan gustosa-
mente la opresión, esto sólo sirve para darle al agre-
sor la justificación conveniente a sus acciones.

Con harta frecuencia, el opresor sigue adelante
sin advertir ni reconocer el mal, envuelto en su
opresión, tanto tiempo como la aceptan los opri-
midos. De esta manera, para ser sincero con mi
conciencia y con Dios, un hombre recto no tiene
más alternativa que negarse a colaborar con un
sistema injusto.

Sí, sentí que era ésta la naturaleza de nuestra
acción. Y desde ese instante concebí el movimiento
a iniciar como un acto de no colaboración masiva.
Desde entonces, casi nunca empleo la palabra
«boicot».

Y el movimiento negro de protesta contra la compañía de
autobuses de Montgomery quedó decretado para el 5 de
diciembre de 1955.

Por entonces, el casi recién estrenado matrimonio del pastor y Coretta, había fijado su residencia en la calle South

Jackson, 309; su primera amistad, trascendental en su vida, sería la del ya mencionado Ralph Abernathy, natural de Linden, Alabama, nacido en 1926 y pastor entonces de la First Baptist Church en Montgomery. Abernathy sucedería a King al frente de la Southern Christian Leadership Conference en 1968, movimiento pro derechos civiles y contra la pobreza. En 1977 se le nombraría presidente emérito de dicho movimiento. Y con Ralph Abernathy, su mujer Juanita.

La congregación de la que King se había encargado como pastor tenía bastante cultura, cosa que había provocado de su anterior en el puesto, el reverendo Johns, que les reprochara, más de una vez, su falta de humildad. Al principio, a Martin Luther le hacían falta quince horas de ensayos para después poder decir con fluidez sus prédicas. Una de sus primeras acciones fue el nombramiento de un comité con el fin de recaudar dinero que luego repartiría entre las familias menesterosas y, de esta forma, podían enviar sin agobio a sus hijos a la escuela. También otro grupo promocionó por medio de ayudas financieras, la obra de jóvenes artistas de color de la comunidad.

Coretta King se desvivía por ayudar a su marido en las tareas cotidianas por duras que fueran. Frecuentemente recogía fondos populares cantando en conciertos. En setiembre de 1955 nació su primera hija, Yolanda; fue entonces cuando se le rogó al joven Luther King que se encargara de la presidencia en Montgomery de la Asociación Nacional para la Promoción de la Gente de Color (NAACP), grupo de carácter moderado para la consecución de los derechos civiles para las gentes de color. King rechaza la solicitud por creer que todo su esfuerzo se hallaba entonces en ocuparse de sus feligreses y opinaba que no cumpliría su encargo con plena dedicación. Prefería ser un humilde pastor baptista como tantos otros, confundido en el anonimato, pero dotado de una ardiente palabra y sobre todo de hechos, muchos hechos que requerían su inmediata solución, y el reto de poner manos a la obra y triunfar en la empresa quemaba su espíritu. «Los caminos del Señor son inescrutables», pensaba, pero, firme en su propósito, nada hacía presagiar por el momento que todo lo que había ansiado, las circunstancias lo harían muy distinto.

CAPÍTULO VI

EMPIEZA EL MOVIMIENTO

Como es fácil de comprender, la victoria no fue fácil. El Consejo de Ciudadanos Blancos, muy poderoso en la ciudad, protestó por medio de la Prensa, llamadas telefónicas y amenazas de todo tipo, contra la acción de los negros. En unos artículos largos y fatigosos, los periodistas blancos aseguraban que los «insolentes negros», habían colocado a la señora Parks en aquella actitud sólo para protestar por la «línea revolucionaria», a favor de unos objetivos políticos impensados y de resultados imprevisibles, puesto que el proyectado boicot sólo iba en contra de los intereses de la Compañía de Transportes.

Y a todo esto respondió simplemente Luther King:

> En todo caso, utilizamos este movimiento de protesta para dar nacimiento a la libertad, al tiempo que urgimos a los hombres blancos a cumplir con las leyes de Estados Unidos, señaladas en la Constitución, que muchos prefieren ignorar. No tratamos de perjudicar los intereses de esa Compañía, no queremos perjudicar a nadie, sólo ansiamos que se ponga en marcha la justicia.

Después, en la madrugada del día 5 de diciembre, día en que debía iniciarse el boicot, el espectáculo que ofrecía la ciudad de Montgomery fue realmente insólito. Normalmente, los autobuses iniciaban sus recorridos a las 6 de la mañana, y todos iban

41

repletos de personal que acudía a sus puestos de trabajo. Pero aquel día, tanto Martin como Coretta y sus amigos, vieron pasar los autobuses totalmente vacíos. Sólo, y de vez en cuando, subía a un vehículo algún obrero blanco, desentendido del boicot.

Por otra parte, las calles, especialmente las aceras, estaban completamente concurridas por los trabajadores negros, hombres y mujeres, que se dirigían, erguida la cabeza, a sus obligaciones. Algunos montaban en mulas o en viejos tílburis tirados por caballos más bien macilentos, aunque la mayoría iba caminando... ¡a veces durante más de diez kilómetros!

Más tarde, escribió Luther King:

> *Mientras contemplaba aquel espectáculo, comprendí que no hay nada más sublime que el resuelto valor de los individuos dispuestos a sufrir y sacrificarse por su libertad y su dignidad.*

Rosa Parks, declarada culpable

Pese a este triunfo negro, aquella misma mañana, y asistiendo al juicio Martin Luther King, la señora Rosa Parks fue juzgada y declarada culpable, y condenada a pagar una multa de diez dólares, más las costas del proceso. Su abogado, Fred Gray, un joven negro que más tarde llegó a ser uno de los líderes más sólidos de la comunidad negra, presentó una apelación, y los jefes del Movimiento pro no-violencia creado por King y Nixon, convocaron una reunión urgente para organizar una concentración masiva, a celebrar en cualquier parte de la ciudad.

Cuando estuvieron reunidos los jefes del Movimiento, fue elegido como presidente del mismo, por unanimidad, el reverendo Luther King. Fue Abernathy quien, al término de la reunión, expuso la idea básica de la acción negra:

Hemos demostrado ya nuestra fuerza a la comunidad de los blancos. Si ahora la damos por finalizada, lograremos lo que pidamos a la empresa de autobuses, pues ya están seguros de que somos capaces de volver a planear otro boicot. Pero si continuamos éste y son muchas las personas que mañana o los días sucesivos suben de nuevo a los autobuses, la gente blanca se reirá de nosotros y al final no lograremos nada.

Bien, la propuesta iba dirigida especialmente al presidente de la asamblea: Luther King. Y éste debía tomar la palabra y decidirse en uno u otro sentido. Pero era una decisión muy ardua de tomar.

Finalmente, King se levantó y tras perorar acerca de la larga lucha de los negros en defensa de sus derechos, añadió:

... Pero llega un momento en que la gente se harta. Esta noche estamos aquí reunidos para decirles a los que nos han maltratado durante tanto tiempo que estamos hartos; cansados de vernos segregados y humillados; cansados de vernos pisoteados por el brutal pie de la opresión.

Durante largos años hemos padecido una asombrosa paciencia. Algunas veces hemos dejado creer a nuestros hermanos blancos que nos gustaba la forma en que se nos trataba. Pero esta noche estamos aquí para liberarnos de esta falsa paciencia que nos hace pacientes con todo, menos con la libertad y la justicia.

Si protestáis valientemente, pero con dignidad y amor cristiano, cuando las futuras generaciones escriban la Historia, se dirá en ella: «Ahí vivió un pueblo grande, un pueblo negro, que inyectó nuevo

significado y dignidad en las venas de la civiliza-
ción.» Sí, ésta es una magnífica oportunidad que
se nos ofrece y nuestra responsabilidad es abru-
madora.

Este discurso causó un fuerte impacto en todos sus oyen-
tes. Estaba claro que la protesta de los negros de Montgomery
no había hecho más que empezar. Y cuando terminó de hablar
Luther King, apareció la señora Rosa Parks en medio del
entusiasmo delirante. Por lo tanto, se decidió la continuación
del boicot. Y se presentaron tres puntos que debían obtenerse
de la empresa de autobuses:

1. Se garantizaría un trato cortés por parte de los emplea-
    dos de la compañía de transportes.

2. Los pasajeros se instalarían en los autobuses por el
    orden de llegada; aunque los negros se sentarían de
    atrás adelante, y los blancos de forma contraria, o sea
    de delante atrás.

3. En las rutas que con más frecuencia utilizaban los
    negros se daría preferencia a empleados también de
    color.

La consigna general fue: «Todos en favor del manteni-
miento del movimiento.»

La continuación del boicot por tiempo indefinido, se
había decidido unánimamente, era ya algo imparable. Y fue
precisamente ese boicot el verdadero comienzo de la carrera
de Luther King como defensor incomparable y valiente de
los derechos de los negros, no ya de Norteamérica, sino
del mundo entero. Si Gandhi luchaba unos años antes en
África del Sur por los derechos de los hindúes, él lucha-
ría por los negros, sus hermanos de raza, de una raza opri-

44

mida y esclavizada, desde que en los siglos anteriores habían sido traídos a tierras americanas, como verdaderos animales de carga y mano de obra, no sólo barata sino totalmente gratis.

Era esta injusticia la que Luther King ansiaba remediar. Era preciso que el hermano blanco se diese cuenta de la injusticia que estaba cometiendo con el hermano negro, negándole los mismos derechos que a los demás hombres libres, puesto que desde el final de la Guerra de Secesión los negros eran una comunidad de hombres libres en Norteamérica. Claro que... ¿acaso no habían asesinado ya al presidente Abraham Lincoln por sustentar aproximadamente estas mismas ideas?

Y el boicot continuó, especialmente porque cuando W. A. Gayle, alcalde de Montgomery, en presencia del abogado de la compañía de autobuses, Jack Crenshaw, recibió a Luther King, su respuesta fue:

—Mire usted, reverendo, si les concedemos a los negros las demandas que ustedes plantean y formulan, alardearían de haber obtenido un triunfo sobre los blancos... ¡y esto es algo totalmente intolerable!

Y el boicot tuvo que continuar con mayor fuerza que nunca.

Los negros tuvieron que sacrificarse en efectuar los recorridos a pie, aunque hubo incluso autos privados que se prestaron a ayudarles en su lucha. Se recibieron donativos en gran cantidad, y en conjunto, tras formar un comité para la organización del transporte, la situación se salvó, aunque las negociaciones con la compañía habían entrado, al parecer, en un punto muerto.

Y el boicot se alargó de manera casi interminable, en realidad, durante más de un año.

Se cuenta la anécdota de una anciana negra que estando sentada en el bordillo de una acera, un blanco se le acercó y se mofó de ella. A lo que la mujer respondió:

—¡No me importa! Mi alma estaba antes cansada y mis pobres pies descansados. Ahora, en cambio, mis pies son los que se hallan cansados, pero mi alma descansa en paz.

Martin Luther King se afanaba por darles todo su aliento a los cincuenta mil negros y pico que vivían en Montgomery. Se multiplicaba en la iglesia y en la calle, y su voz era escuchada no sólo por la población negra de la ciudad, sino por todos los negros del país, mientras su nombre resonaba de extremo a extremo del mismo, de Norte a Sur y de costa a costa.

En una de sus proclamas afirmó:

> *Lo que ahora hacemos no es sólo en beneficio del negro sino también del hombre blanco. El sistema que ha destruido la identidad y el espíritu del blanco, otorgándole un falso sentimiento de superioridad, le ha dado al hombre negro un sentimiento también de inferioridad. Sí, la discriminación es tan fatal para unos como para otros. Por eso, al liberar al negro, también liberamos al blanco, tanto de sus errores como de su sensación, tal vez subconsciente, de culpabilidad hacia aquéllos a quienes agravia.*

Que todo el mundo, entre los negros, seguía las consignas de los jefes del Movimiento, se puso de manifiesto cuando, al día siguiente y en los sucesivos, las cosas continuaron de la misma manera, con los autobuses vacíos, cosa que ni siquiera la lluvia logró modificar, pues los negros prefirieron mojarse o andar amparados bajo sus paraguas.

A medida que iba avanzando el mes de diciembre y la comunidad blanca se daba cuenta de que los negros no se rendían, todo se puso más difícil. Hubo intentos de negociación que fracasaron.

Luther King de joven presenció estos enfrentamientos entre negros y blancos entregados a la violencia.

El alcalde y los ediles se hicieron miembros del Consejo de Ciudadanos Blancos, para que los negros se diesen cuenta de que les daban una lección.

Y a Luther King empezaron a llamarle por teléfono con toda clase de amenazas, a cualquier hora del día o de la noche. Según cuenta su esposa Coretta, en diversas ocasiones llamaron a King, «negrito hijo de puta». También acusaban a Martin y a Coretta de increíbles perversiones sexuales.

King no se amilanó, una fe que movía montañas le decía que saldría airoso de la empresa. Así, después escribiría en su obra La fuerza de amar:

Jesús sabía que sus discípulos se enfrentarían a un mundo difícil y hostil, donde toparían con los recalcitrantes funcionarios políticos y la intransigencia de los protectores del viejo orden. Sabía que encontrarían hombres fríos y arrogantes, con los corazones endurecidos por el largo invierno del tradicionalismo. Así, les dijo: «Mirad, yo os envío como ovejas en medio de lobos.» Y les dio una fórmula de acción: «Sed, pues, astutos como las serpientes, pero candorosos como las palomas. Es muy difícil imaginar una persona que tuviera, simultáneamente, las características de la serpiente y de la paloma, pero es esto lo que Jesús espera. Hemos de combinar la dureza de la serpiente con la pacífica dulzura de la paloma; fuertes de espíritu, pero tiernos de corazón...»

Si se tienen cualidades de serpiente y nos faltan las cualidades de la paloma, seremos fríos, malvados y egoístas. Si tenemos las cualidades de la paloma sin las de la serpiente, seremos sentimentales, anémicos y abúlicos. Hemos de combinar, pues, las dos...

Nosotros, como negros, hemos de unir la fortaleza del espíritu y la ternura de corazón, si queremos avanzar positivamente hacia la meta de la libertad y la justicia...

CAPÍTULO VII

UN TRIUNFO DISMINUIDO

Uno de aquellos días, Luther King, en un discurso dirigido a la masa de negros de Montgomery, dijo:

Si un día me halláis muerto en una esquina, no quiero que respondáis con un acto de violencia. Os pido, por el contrario, que sigáis protestando con la misma dignidad y disciplina que ahora.

Estas palabras indican cuáles eran sus sentimientos de temor por su vida en aquellos instantes.

En otra ocasión, a medianoche, sonó el teléfono en casa del líder negro, y una voz le amenazó:

—Oye, negrito, estamos ya hartos de ti. Antes de la próxima semana lamentarás haber venido a Montgomery.

Fueron muchas las llamadas insultantes, y peor fue el asunto todavía cuando, al ver las autoridades que el boicot no llevaba trazas de finalizar, decidieron endurecer su postura. Así, una tarde que había el matrimonio King invitado a un antiguo condiscípulo del Morehouse College, llamado Boby Williams, Martin murmuró:

—Me han dicho que la policía intenta inventar algún cargo contra mí para poder detenerme.

—Lo cual —replicó Coretta al punto—, sería una gran equivocación, porque esto soliviantaría más los ánimos de nuestros amigos.

Naturalmente, Martin Luther King decidió no hacer nada que pudiese llevarle a una comisaría. Sin embargo, cuando se dirigió al centro de la ciudad en busca de la secretaria de la iglesia, la señora Lillie Thomas, y continuaron ambos hacia un aparcamiento, donde Martin recogió a tres pasajeros y volvió a arrancar, lo detuvo un agente de tráfico, quien le pidió el permiso de conducir. Y en el instante en que lo enseñaba, otro policía le susurró al primero:

—Ese tipo es ese maldito King.

Cuando el coche al fin arrancó, un motorista de la policía se dedicó a seguirle. Mas, a pesar de que el reverendo King conducía con suma prudencia, cuando paró para que pudiesen apearse sus pasajeros, el de la moto se colocó a su lado.

—¡Abajo, King! —le ordenó—. Quedas detenido por ir a treinta kilómetros en una zona donde no está permitido ir a más de veinticinco.

Llegó un coche-patrulla y llevaron a Martin a la cárcel local. Allí quedó encerrado en una celda sucia y maloliente. Entre los detenidos, King reconoció a un maestro detenido por tomar parte en la protesta.

La noticia de su detención se propagó con suma rapidez. Por la tarde se celebraron cinco reuniones masivas, y en todas ellas anunciaron su detención.

Ralph Abernathy, tan pronto se enteró del caso, corrió a la prisión para abonar la fianza, pero el oficial de guardia respondió:

—Hasta mañana es imposible pagar la fianza.

—¿Puedo, pues, ver al doctor King?

A la sazón, todo el mundo le daba ya el título de «doctor». La respuesta también fue negativa.

Todos los seguidores de King se movilizaron al punto, especialmente los eclesiásticos que más podían presionar a las autoridades, y a tal punto llegó la efervescencia que, asustados los responsables de la cárcel, sacaron a Martin de la

50

celda y, tras tomarle las huellas digitales, lo dejaron en libertad sin fianza alguna. Naturalmente, quedó solamente en libertad provisional.

Una bomba en casa de Luther King

Fue Ralph Abernathy quien, el día 30 de enero de 1956 fue a avisar a King a la iglesia comunicándole que acababan de arrojar una bomba en su casa. Por suerte, ni su esposa ni su hijita habían sufrido daño alguno.

Este suceso estuvo a punto de desencadenar en la ciudad una tremenda ola de violencia. Los negros estaban muy alborotados, y fue tanta la efervescencia que incluso el alcalde Gayle y el comisario Sellers le expresaron a Martin que aquel «desdichado incidente» les dolía mucho, particularmente por haber tenido lugar en «su ciudad».

C. T. Smiley, presidente de la Junta Administrativa de la Iglesia Dexter, y director de la Booker T. Washington High School, el instituto negro más importante de la ciudad, se hallaba al lado de King cuando el alcalde le testimonió su pesar y exclamó, sin poder contenerse:

—Muy bien están esas lamentaciones, pero ustedes son los responsables del suceso. Ustedes han creado el ambiente que lo ha hecho posible.

Coretta, en sus Memorias, relata cuál era el estado de ánimo de su marido en aquellos momentos:

La multitud iba en aumento a cada instante. La gente se balanceaba sobre los pies sin dejar de gruñir, y de insultar a la policía, que también estaba muy nerviosa. Martin salió al porche de casa. En cierto aspecto, aquella fue la hora más importante de su vida. Acababan de arrojar una bomba en su casa, y su esposa y su hija habrían podido morir por ello;

51

por primera vez ponían seriamente a prueba sus principios cristianos y sus teorías sobre la no-violencia.

En pie, delante de casa, grave y tranquilo, dominaba a la multitud enfurecida. Levantó la mano y, súbitamente, reinó un silencio absoluto. Todos, hombres y mujeres furiosos, criaturas excitadas y adustas, los policías atemorizados reunidos cerca de los peldaños de la entrada, todos callaron. Y con voz sosegada, Martin dijo: «A mi esposa y a mi hija nada les ha ocurrido. Deseo que volváis a vuestras casas y que dejéis las armas. Este problema no podemos solucionarlo mediante una violencia vengativa. Tenemos que enfrentarnos a la violencia con la no-violencia. Recordad las palabras de Jesús: ¿El que vive por la espada, por la espada morirá? Que obren como quieran, pero nosotros tenemos el deber de amar a nuestros hermanos blancos. Y han de saber que los amamos. Jesús también nos grita a través de los siglos: ¿Ama a tus enemigos?. Por eso tenemos que vivir. Tenemos que responder al odio con el amor». Entonces, la voz de mi marido resonó y vibró con fuerza y con toda la grandeza de su emoción: «Recordad que si me detienen, este movimiento no terminará, porque el Señor lo acompaña. Volved a casa con esta fe iluminada y con esta resplandeciente seguridad».

Muchos lloraban, emocionados por una santa exaltación.

Alguien le preguntó a mi marido:

—¿Y a usted qué le ocurrirá?

—Me han prometido protección —respondió él.

El jefe de policía, por su lado, prometió averiguar quién había sido el autor del atentado para llevarlo delante de la justicia.

Y el alcalde ofreció mil dólares de recompensa a todo aquel que aportase alguna información conducente a la detención del criminal.

Tras esto, la muchedumbre empezó a desfilar. De pronto, se oyó la voz de un policía que decía:

—A no ser por ese predicador negro, estaríamos ya todos muertos.

CAPÍTULO VIII

EL FINAL DEL CONFLICTO

Aquella misma noche llegó el padre de Martin a la casa, alarmado por el suceso. También llegó más tarde el padre de Coretta, el señor Scott, y varios amigos.

Scott deseaba llevarse consigo a su hija y a su nieta a Marion, donde vivía la familia. Pero Coretta se negó a abandonar a su esposo.

Una vez terminadas las reparaciones en la casa, pues la bomba había causado varios desperfectos, Bob Williams, el fiel amigo, se instaló con el matrimonio King, siempre provisto de un fusil «por si acaso», y solía pasar la noche en vela con el arma al lado. Pero cuando King se enteró de la presencia del fusil, le ordenó reiteradamente que prescindiese del mismo, a lo que Williams no tuvo más remedio que acceder.

El alcalde ordenó instalar unos focos delante de la casa, y la congregación de la iglesia Dexter pagó a un hombre armado que por las noches vigilaba la calle. Asimismo, pagaban a una «canguro» que se quedaba con la niña cuando el matrimonio tenía que salir.

Unas noches después, arrojaron una bomba en la casa de E. D. Nixon, pero después todo se sosegó por una temporada, por lo que Coretta llevó a la niña con su familia y ella se marchó a Atlanta con los padres de King. Este tenía que dar una serie de conferencias en la Fisck University de Nashville.

Pero en ausencia de King, un abogado de Montgomery desenterró una vieja ley estatal contra los boicots. Debido a ello se reunió el gran jurado de la ciudad, el cual formuló un acta de acusación contra Martin y aproximadamente un centenar de dirigentes del Movimiento. Inmediatamente, la policía procedió a efectuar detenciones. Cuando se enteró, King canceló el resto de las conferencias y fue a Atlanta en busca de Coretta, dirigiéndose ambos a Montgomery.

Cuando llegaron a su hogar, Ralph Abernathy, que había sido detenido y puesto en libertad mediante pago de fianza, acudió inmediatamente a verles. Y Martin, acompañado por Ralph y su padre, se entregó a las autoridades. La policía volvió a tomarle las huellas dactilares, y le retrataron con un número colgado del cuello, como al más vulgar de los delincuentes. Luego, lo dejaron en libertad sin fianza.

El día 19 de marzo se celebró el juicio ante el juez Eugene Carter. Fue William F. Thetford, fiscal del Estado, quien se encargó de la acusación. Martin Luther King encabezaba la lista de los acusados. Para su defensa habían contratado a un grupo de eminentes abogados, Arthur Shores, Peter Hall, Orzell Billingsley, Robert Carter, y Fred Gray, el abogado de la MIA, o sea del Movimiento Negro. Durante cuatro interminables días, el «doctor» King estuvo sentado en el banquillo de los acusados, mientras el fiscal presentaba toda clase de testimonios para demostrar que existía un boicot organizado que vulneraba las leyes del Estado de Alabama; los abogados de la defensa, por su parte, presentaron otros testimonios, demostrando las condiciones intolerables en que se obligaba a viajar a los negros en los autobuses de la ciudad.

El día 22, ambas partes resumieron sus conclusiones, y el juez Carter, casi sin reflexionar sobre los discursos escuchados, pronunció el inevitable veredicto:

—Culpable.

Acto seguido, condenó al doctor King a pagar una multa de quinientos dólares o a cumplir 386 días de trabajos forzados. Agregó que le imponía una pena mínima en atención a cuanto había hecho para evitar un acto de violencia.

Los abogados de King apelaron contra esta sentencia, iniciando además una demanda ante el Tribunal Federal para que se declarase inconstitucional la segregación en los autobuses.

La causa se vio ante un tribunal de tres jueces que se reunió el 6 de mayo de 1956. A Martin le gustó la idea de acudir a un tribunal federal, donde podía respirarse otra atmósfera más distendida que la del Sur.

Dos semanas más tarde, aquel tribunal declaró inconstitucional la segregación en los autobuses de Montgomery. Pero los abogados de la parte contraria apelaron a su vez contra esta resolución, y esto significaba que transcurrirían algunos meses antes de que una u otra sentencia fuese firme.

Por este motivo, el boicot continuó, dándose el caso de que bastantes blancos simpatizaran con Martin, lo cual les costó caro a algunos. Por ejemplo, hubo la tragedia de Juliette Morgan, una bibliotecaria blanca, miembro del Consejo de Relaciones Humanas, la cual escribió una carta a un periódico, comparando el movimiento negro al de la India, alabándolo sin tapujos. A partir de aquel momento, la comunidad blanca la hizo objeto de un ostracismo absoluto. Las presiones y el aislamiento fueron tan intensos, que al final se suicidó ingiriendo una dosis excesiva de somníferos.

Otro caso fue el de Audrey Williams y su esposa, y el de Clifford y Virginia Durr. Estos sufrieron terriblemente como resultado de su estrecha amistad con los King y por la ayuda que prestaban al movimiento. Durr, que era abogado, perdió numerosos clientes.

Por aquellos días, Luther King pronunció uno de sus sermones más bellos. Era un domingo, 4 de noviembre de 1956, y King decidió que el sermón adoptase la forma de una carta imaginaria de San Pablo a los cristianos de América, carta en la que el apóstol exhortaba a los fieles a ponerse en guardia contra el olvido de los valores espirituales a beneficio de las riquezas materiales. Y la carta terminaba con estas palabras:

> *El amor es la mayor de todas las virtudes. En Él hallamos el auténtico significado de la fe cristiana y de la cruz. El Calvario es un telescopio a través del cual contemplamos el amplio panorama de la eternidad y vemos cómo el amor a Dios se manifiesta en el tiempo.*
>
> *Y ahora, unámonos a El, que puede impedir que caigamos y es capaz de elevarnos del valle de desesperación a la montaña esplendente de la esperanza, de la noche oscura de la desesperación al alba de la alegría. Que de El sean el poder y la autoridad por los siglos de los siglos. Amén.*

Sin embargo, íntimamente estaba inquieto, aguardando la vista de la causa que se le seguía por el asunto del aparcamiento, y también a la espera de la resolución del Tribunal Federal ante el caso del boicot.

Finalmente, el 13 de noviembre, Martin Luther King volvió a estar delante del juez Carter. En su calidad de demandado principal, Martin se sentó con los abogados de la defensa.

Los abogados de la municipalidad de Montgomery explicaron al tribunal que la ciudad había perdido quince mil dólares de impuestos a consecuencia de la reducción del tráfico de viajeros y pidieron una compensación. Alegaron asimismo

El 10 de diciembre de 1964 recibió el Premio Nobel de la Paz.

que los aparcamientos eran una «molestia pública», perteneciente a una empresa privada que actuaba sin licencia ni permiso alguno. Finalmente, pedían que tal actividad quedase prohibida.

Hubo argumentos en favor y en contra de la cuestión. Pero todo el mundo sabía que se trataba de un puro formulismo, porque el juez Carter sentenciaría a favor de los demandantes.

De repente, se produjo una conmoción inesperada. El alcalde Gayle y el comisario de policía Sellers, con dos o tres abogados, abandonaron sus asientos de manera súbita. Algunos periodistas también se mostraban muy ajetreados. El corresponsal de la *Associated Press* le alargó un papel a King, el cual leyó para sí la nota con expresión radiante.

A continuación, leyó en voz alta:

> *Hoy, el Tribunal Supremo de Estados Unidos ha ratificado la decisión de un tribunal regional especial de tres jueces, declarando inconstitucionales las leyes locales y estatales de Alabama, que exigían la segregación en los autobuses.*

Pese a esto, la noticia confirmada no llegó a Montgomery hasta al cabo de un mes. Pero mientras tanto, el Comité del Movimiento había redactado una lista de sugerencias para el uso de los autobuses por parte de los negros, e incluso se ensayó varias veces la conducta a seguir por los usuarios de color en los autobuses, a partir del momento en que terminase la discriminación racial en los transportes.

CAPÍTULO IX

SUGERENCIAS PARA LOS AUTOBUSES INTEGRADOS

El Comité del Movimiento preparó una lista de sugerencias que debían presentarse a la Compañía de autobuses. La lista era como sigue:

> *Esta es una semana histórica porque la segregación de los autobuses ha sido declarada inconstitucional. Dentro de unos días, llegará a Montgomery la orden del Tribunal Supremo y todos los negros volveréis a subir en autobuses ya integrados, lo cual os pone bajo la tremenda responsabilidad de mantener, ante cualquier incidente que pueda surgir, una tranquilidad y una dignidad propias de ciudadanos conscientes como lo son los miembros de nuestra raza.*
>
> *Si se producen violencias de palabra u obra, no han de ser nuestros hermanos quienes las cometan. Las sugerencias siguientes se han realizado para vuestra ayuda y conveniencia. Leedlas, estudiadlas y grabadlas en vuestra memoria, de forma que nuestra decisión de continuar con la no violencia no quede comprometida.*

En primer lugar, éstas son las sugerencias de carácter general:

1. No todas las personas blancas se oponen a la integración de los autobuses. Suponed la buena voluntad de parte de la mayoría.

2. El autobús completo es ahora para uso de todos los individuos. Toma un asiento vacante.

3. Antes de montar en el autobús haz oración para que puedas observar un comportamiento no violento de palabra y obra.

4. Observa en tus acciones la tranquila dignidad de nuestra gente en Montgomery.

5. En todas las ocasiones observa las reglas normales de cortesía y buena educación.

6. Recuerda que ésta no es una victoria para los negros solamente, sino para todo Montgomery y todo el Sur. ¡No seas orgulloso! ¡No alardees!

7. Sé serio pero amistoso, seguro de ti mismo, pero no arrogante; alegre y no impetuoso.

8. Sé lo bastante caritativo para perdonar la ira y la incomprensión hasta considerar a un enemigo como amigo.

A continuación se daban sugerencias de carácter más específico:

1. El conductor tiene el autobús a su cargo y ha sido instruido para obedecer la ley. Admite que él te ayudará a ocupar un asiento vacante.

2. No te sientes deliberadamente al lado de un blanco, salvo si no hay otro sitio libre.

3. Al sentarte junto a una persona blanca o negra, di: «¿Me permite?» o «Perdón». Esta es una regla de cortesía muy común.

4. Si te maldicen, no respondas con otra maldición o insulto. Si te golpean, no devuelvas el golpe, pues debes mostrar buena voluntad en todas las ocasiones.

5. Si tiene lugar algún incidente, habla lo menos posible y siempre en tono sosegado. ¡No te levantes del asiento! Comunica cualquier incidente grave al conductor.

6. Durante los primeros días, trata de ir en el autobús con un amigo en cuya no-violencia tengas plena confianza. Os podéis ayudar mutuamente con una sola mirada o una plegaria.

7. Si es molestada otra persona de tu raza no te levantes para defenderla; ruega, en cambio, por el agresor y usa la fuerza espiritual y moral para preservar la paz y perseverar en la lucha por la justicia.

8. Según tu habilidad y tu personalidad, no temas experimentar nuevas técnicas creativas para lograr la reconciliación y un cambio social beneficioso.

9. Si piensas que no lo podrás resistir, ve a pie una o dos semanas más. Tenemos confianza en los nuestros. Dios os bendiga a todos.

Una vez concluido el boicot, la comunidad blanca no quiso aceptar aquel final dictado por el Tribunal Federal, y amenazó a los negros con «baño de sangre», si la orden antisegregacionista se llevaba a efecto. Mas, por fin, el 20 de diciembre llegó a la ciudad la orden del Tribunal Supremo del país. El alcalde Gayle anunció al momento que respetaría aquella decisión y mantendría el orden en las calles.

Y Martin Luther King, el gran triunfador, exhortó a los negros a respetar las sugerencias alistadas y ensayadas, y exclamó:

—¡Nuestra fe está vengada!

A pesar de lo manifestado por el alcalde, la noche del 28 de diciembre hubo otro brote de violencia, con bombas, y en el porche de la casa de King se hallaron al día siguiente catorce cartuchos de dinamita reunidos en un fajo que todavía humeaba.

Finalmente, las autoridades adoptaron una posición firme y una agrupación de blancos, denominada «Hombres de Montgomery» anunció su irreductible oposición a los atentados. Tras esta declaración cesó toda violencia.

Al fin, la plegaria del doctor King había sido escuchada. Nadie murió a consecuencia del Movimiento Negro en Montgomery.

Pero la llama de la reivindicación se hallaba ya en todos los corazones de color:

¡Todos juntos venceremos!
¡Todos juntos venceremos!
¡Todos juntos venceremos, mañana!
¡Oh, dentro de mi corazón
creo firmemente
que todos venceremos mañana!

Y sin embargo, Luther pensaba que muchos blancos eran sus amigos y que sus enemigos eran ellos los que se tenían como tales puesto que él deseaba fervientemente que todos fueran hermanos:

¡Blancos y negros juntos!
¡Blancos y negros juntos!
¡Blancos y negros juntos mañana!
¡Oh, dentro de mi corazón

creo firmemente
que todos venceremos mañana!

Y finalmente una fe ardiente como solución para todos los problemas:

¡La fe nos hará libres!
¡La fe nos hará libres!
¡La fe nos hará libres mañana!
¡Oh, dentro de mi corazón
creo firmemente
que todos venceremos mañana!

Pronto la doctrina de Martin Luther sería la semilla para la constitución de nuevas generaciones de «luchadores no violentos», como el «Comité Coordinador Estudiantil No Violento» (*Student Nonviolent Coordinating Commitee* = SNCC) del que hemos extraído las anteriores estrofas y al que nos referiremos más adelante con mayor detenimiento.

CAPÍTULO X

LOS VIAJES DE MARTIN LUTHER KING

Como consecuencia de los meses de tensión en Montgomery, la revista *Time* del 18 de febrero de 1957, publicó un artículo alabando la actuación del doctor King en la protesta, donde se pudo leer:

> *Martin Luther King, el prudente pastor baptista negro, que en poco más de un año ha salido de la nada para convertirse en uno de los dirigentes de hombres más notables de la nación. Su dirección se halla más allá de una simple batalla... gracias, ante todo, a su gran fuerza espiritual.*

Poco después, Martin recibió una invitación de Kwame Nkrumah, presidente del gobierno de Ghana, para que asistiese a las ceremonias del Día de la Independencia, a celebrar en Accra, la capital del país.

El matrimonio King carecía del dinero necesario para el viaje, pero los de la Dexter les entregaron dos mil quinientos dólares, y el Movimiento les dio mil más. Era aquélla la primera vez que King salía del territorio nacional, cosa que sería para él una afortunada experiencia, sin duda alguna.

De Ghana, Luther King y su esposa se trasladaron a Lagos, Nigeria, volando después a Kano, Nigeria central. Luego, de Nigeria fueron a Roma, Génova, París y Londres, y el líder negro se emocionó particularmente a la vista del Vaticano, pese a militar en la religión protestante.

Ante el Memorial Lincoln

Al regreso del periplo por Africa y Europa, tras ser distinguido con diversas condecoraciones y menciones honoríficas, Luther King, que se había convertido en un líder negro, quiso forzar un poco la mano, y convocó para ello un Peregrinaje a Washington, que debía efectuarse en el mes de mayo de 1957. La reunión tendría como finalidad pedir a las autoridades federales el derecho de voto para los negros.

Y el 17 de mayo de aquel año, treinta y siete mil peregrinos, entre los que se contaban varios simpatizantes blancos, se reunieron delante del Memorial Lincoln de la capital federal.

Todos los dirigentes importantes del momento hablaron en aquel acto singular. Y fue A. Philip Randolph quien, como último orador, presentó a Martin Luther King a la multitud. Aquél fue uno de sus estimulantes discursos ante una audiencia nacional, discurso que fue retransmitido por radio.

Al término de su oratoria, agregó:

> *Concedednos el derecho de voto y dejaremos de pedir, escribiendo en los libros las leyes pertinentes. Concedednos el derecho de voto y llenaremos las legislaturas con hombres de buena voluntad. Concedednos el derecho de voto y le daremos al pueblo jueces compasivos. Concedednos el derecho de voto y haremos cumplir legalmente, sin alboroto, la decisión del día 17 de mayo de 1954 del Tribunal Supremo. Concedednos el derecho de voto y convertiremos las peores acciones antisociales de las multitudes sedientas de sangre en acciones responsables de ciudadanos bien ordenados.*

68

Un incidente desagradable

Durante el verano de 1958, Martin y su esposa estuvieron de vacaciones, las primeras de su vida, en México. Y al regreso fue cuando tuvo lugar un suceso desagradable. Así lo relata Coretta en su obra autobiográfica:

El día 3 de septiembre de 1958, Martin y yo acudimos al juzgado de Montgomery, donde Ralph Abernathy testimoniaba en un asunto privado. Formábamos un pequeño grupo junto a la sala del juzgado municipal, cuando un policía nos ordenó alejarnos de allí. Martin le respondió:

—Estoy esperando a mi abogado, Fred Gray.

—Si no os largáis inmediatamente de aquí —replicó furioso el agente del orden—, sí necesitarás un abogado.

Martin no se movió.

—Vaya, lo conseguiste, chico —masculló el policía.

Llamó a un compañero y entre los dos cogieron a Martin y, tras retorcerle los brazos a la espalda, lo empujaron por la escalera. Yo les seguí desesperada al ver cómo lo maltrataban, pero uno de los policías se volvió hacia mí y me gritó:

—¿Deseas también que te encerremos, nena? Si lo quieres, sólo tienes que inclinar la cabeza.

Martin me miró y gritó a su vez:

—¡Cállate, Coretta!

Sé que después, cuando desapareció de mi vista, y mientras yo iba en busca de nuestros amigos, lo empujaron violentamente y le propinaron puntapiés, y cuando supieron quién era lo acusaron de desobediencia a las leyes y a un agente del orden, dejándolo en libertad provisional.

Cuando más adelante se celebró la vista de la causa, fue declarado culpable y condenado a pagar una multa de diez dólares o a sufrir catorce días de cárcel. Martin, inmediatamente, pidió permiso al juez para hacer una declaración. Se le concedió el permiso y entonces pronunció una declaración histórica, delante del juez Eugene Loe. La declaración decía:

Señoría, no hay duda que ha pronunciado un veredicto que le parece justo. Pero debo reiterar que soy inocente. Simplemente, quería entrar en la sala donde se celebraba el juicio de un buen amigo mío, pero en ningún momento estuve vagando por los pasillos. Sin ninguna razón he sido víctima de la brutalidad policíaca.

. En efecto, me arrancaron de la escalera del Palacio de Justicia, me empujaron por la calle con los brazos retorcidos a la espalda, y me dieron de puntapiés.

A pesar de esto no guardo ningún rencor ni odio a los agentes que me detuvieron. Los compadezco como a hermanos, como a seres humanos creados a imagen y semejanza de Dios. No eran completamente responsables de sus actos. Esos hombres, como otros muchos hermanos blancos, son las víctimas del ambiente, de un ambiente enrarecido por más de trescientos años de inhumanidad hacia los negros, expresada mediante la esclavitud y la segregación.

Su Señoría me ha hallado culpable. La noche última, mi esposa y yo rezamos y luego hablamos de la conducta a seguir si se producía esta situación. Y decidimos que, en conciencia, no podía pagar una multa por un delito que no cometí y, ante todo, por el trato brutal que no merecía. Con todos los respe-

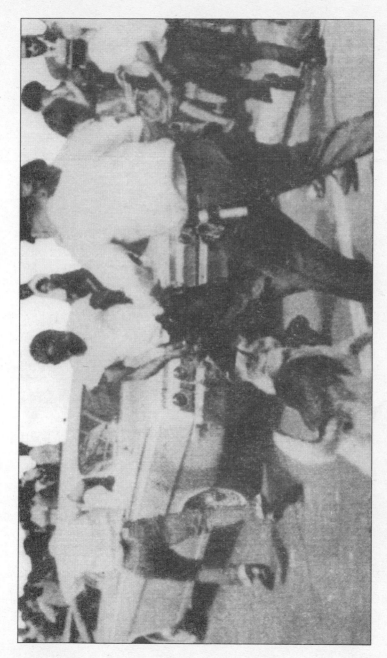

Los policías detenían casi en masa a los seguidores de Luther King, como sucedió en Birmingham.

tos debidos a Su Señoría y a este Tribunal, me veo obligado a adoptar esta actitud.

Permítame Su Señoría asegurarle que mi actitud en este punto no es un gesto histriónico ni un juego publicitario, ya que las convicciones morales jamás proceden de un deseo egoísta de propaganda.

Tampoco me impulsa el anhelo de ser un mártir, puesto que sin amor, incluso el martirio se convierte en orgullo espiritual.

Mi acción está motivada por la voz de la conciencia y por el deseo de ser fiel a la verdad y la voluntad de Dios, sean cuales sean las consecuencias. Pese a no poder pagar la multa, aceptaré sin protestar la alternativa que usted me propone, y la aceptaré sin despecho.

También adopto esta decisión porque me preocupan mucho las injusticias y las humillaciones que continúan sufriendo las gentes de mi raza. Actualmente, en muchos lugares del Sur, la brutalidad con que se trata a los negros es la vergüenza de Norteamérica. El mes pasado, en Mississippi, un sheriff que, según el testimonio de cuatro personas, azotó mortalmente a un negro con un bastón, quedó en libertad al cabo de veintitrés minutos.

Ahora mismo, en este Estado, James Wilson se halla en la celda de la muerte, condenado a ser ejecutado por haber robado una cantidad inferior a dos dólares. ¿Hay alguien en este tribunal que crea que en Alabama se puede condenar a un blanco por robar tan mínima cantidad?

Los negros ya no pueden seguir soportando en silencio la brutalidad policíaca y la violencia de las multitudes. No podemos soportarlo porque Dios, que nos ha creado a todos, nos pide que nos opongamos a la maldad.

Y permítame añadir, Señoría, que estoy convencido de que los negros se conformarán con triunfar de esta situación con el mismo amor cristiano y con la misma actuación no violenta que mostraron durante nuestra larga protesta contra los autobuses.

Estoy convencido de que el Sur contiene millares de personas blancas de buena voluntad que, dentro de su corazón, condenan la violencia de las muchedumbres y el trato inhumano infligido a los negros. Exhorto a esas personas a reunir todo su valor y a manifestarse en favor de la ley y el orden.

Asimismo, adopto esta actitud porque amo a América y los principios sublimes de libertad e igualdad sobre los que se asienta. Me he dado cuenta de que América corre el peligro de perder su alma y se expone, por tanto, a derivar fácilmente a la anarquía trágica o hacia un fascismo paralizador.

Es preciso que alguien despierte la conciencia dormida de Norteamérica antes de que sea tarde. Ha llegado la hora en que quizá los actos voluntarios y no violentos de padecer por los inocentes sean los únicos que puedan animar esta nación a destruir los flagelos de la brutalidad y de la violencia que castigan a los negros que sólo aspiran a caminar con la cabeza bien alta delante de Dios y de los hombres.

Esta declaración pilló por sorpresa al juez. Tanto es así, que después de juzgar la causa, aplazó la sesión. Yo abandoné la sala junto con Juanita y Ralph y me marché a la iglesia de Dexter para convocar un mitin contra la injusta condena de mi marido. Su abogado, Fred Gray, estaba con Martin.

Por eso sé que el juez le dijo a mi marido:

—Doctor King, sabe de sobra que puede conseguir la libertad con fianza. ¿No quiere que alguien pague la multa?

—No, Señoría. No quiero pagarla.

Cuando llegó el momento de llevarse a los presos condenados a la cárcel, Martin se colocó en la fila de atrás. Ya fuera, cuando iba a subir al coche celular, los policías no se lo permitieron. Cuando, por segunda vez intentó subir, sin que se lo permitieran, Martin comprendió que no deseaban encerrarlo. Al fin, uno de los policías le notificó:

—Doctor King, puede irse. Alguien ha pagado la multa.

—¿Quién ha sido? —inquirió él, sumamente asombrado.

—Probablemente, uno de sus colegas.

Martin insistió en que tal cosa no era posible, porque les había comunicado sus intenciones a cuantos colaboraban con él. Cuando vieron que insistía en conocer el nombre de su favorecedor, le aclararon que se trataba de un donante anónimo. Y le conminaron a marcharse de allí.

Más adelante, supimos la verdad. El comisario de policía, Clyde Sellers, poseía un sentido de las relaciones públicas más sutil que sus subordinados. Se dio cuenta de la pésima publicidad que obtendrían en Montgomery él y sus funcionarios públicos si el país se enteraba de que el doctor Martin Luther King estaba en la cárcel. Y pagó la multa de su propio bolsillo, haciendo más tarde una declaración según la cual «deseaba ahorrar a los contribuyentes el gasto de alimentar a King durante catorce días».

CAPÍTULO XI

MARTIN LUTHER, MALHERIDO

El 17 de septiembre de 1958 se publicó el primer libro de Martin Luther King, titulado *Stride Toward Freedom* (Un paso hacia la libertad). La crítica que recibió fue excelente y el doctor King recorrió el país para promocionarlo. En todas partes acudían las multitudes para verle y estrecharle la mano.

La noche del 19 de septiembre estuvo en Harlem. De pronto, circuló una noticia dramática: el doctor King había sido apuñalado por una negra mientras estaba dedicando unos ejemplares de su libro en unos almacenes de la calle 125. La herida era muy grave.

Lo ocurrido, según se supo más tarde, había sido algo inesperado, como producto de un ataque de locura. En efecto, Martin Luther King estaba dedicando unos ejemplares en una mesa improvisada de una tienda de zapatería, cuando una negra que aparentaba unos cuarenta años se le acercó, nerviosa, preguntándole:

—¿El doctor King?

—Sí, soy yo.

Entonces, con voz baja y rencorosa, la negra murmuró:

—Doctor King, hace muchos años que deseaba vengarme.

Brilló como un relámpago metálico cuando la negra sacó un afilado abrecartas japonés de entre los pliegues de su vestido, y lo clavó en el pecho de Luther King. La mujer negra se llamaba Isola Curry. Y cuando una persona iba a sacar el puñal de la herida, Martin lo impidió.

Acudió la policía y se llevaron a la mujer. Nunca llegó a saberse si se trataba de un acto personal o si la negra estaba al servicio de alguna asociación o grupo deseoso de asesinar a un negro molesto para los blancos.

El doctor King fue trasladado al hospital de Harlem, donde después de una intervención muy complicada, puesto que la punta del cuchillo rozaba la arteria aorta y para extirparlo fue preciso sacarle dos costillas, quedó prácticamente fuera de peligro.

A la negra Curry la internaron en una casa de salud. Martin Luther King pasó varias semanas recuperándose, y este período le sirvió de reposo tras las grandes tensiones pasadas. También le sirvieron para meditar acerca de las tremendas responsabilidades que recaían sobre sus hombros, harto débiles, según él, para soportarlas.

El día 8 de octubre le dieron de alta en el hospital, recomendándole que guardara reposo durante una larga convalecencia.

Fue entonces cuando, de acuerdo con su esposa, decidió emprender, transcurridas unas tres semanas en Nueva York, un viaje a la India, país que siempre había deseado visitar, especialmente a causa de su admiración por Gandhi, cuya causa era tan afín a la suya.

Ya en la India, fueron amablemente recibidos por el primer ministro Jawaharlal Nehru. Luego, fueron a depositar una corona de flores al santuario de Raj Ghat, donde habían incinerado el cadáver de Mahatma Gandhi. Y al regreso de la India, Martin Luther King se mostró más empeñado que nunca en conseguir los objetivos negros siguiendo el modelo preconizado por Gandhi: la oposición no-violenta.

Y sabía que era él el llamado a pregonarla, puesto que, a pesar de su modestia y a su afán de no sobresalir excesivamente, la mayoría de sus compatriotas de raza le consideraban como el Presidente de los negros.

CAPÍTULO XII

EL NUEVO IMPULSO

Fue el 1.° de diciembre de 1959, cuando Martin Luther King, después de despedirse de la congregación de la iglesia de Dexter, anunció que se disponía a emprender el verdadero camino para la liberación de los negros.

> *Ha llegado el momento* —dijo—, *de dar un impulso amplio y audaz a la campaña por la igualdad que llevamos en el Sur.*
>
> *Después de madura reflexión, me he convencido de que ha llegado el momento psicológico en que un ataque concentrado contra la injusticia puede proporcionarnos ganancias tangibles y considerables.*
>
> *No incluirá solamente una campaña para acelerar el alistamiento de votantes, sino que procederemos a un ataque en toda regla contra la discriminación y la segregación en todas sus formas.*
>
> *Es necesario que instruyamos a nuestra juventud y nuestros dirigentes adultos en las técnicas de un cambio social que puede lograrse mediante una resistencia no violenta.*
>
> *Tenemos que usar nuestros métodos de combate de forma que impliquen la participación del pueblo.*

Luther King, de acuerdo con sus ideas, se trasladó con toda su familia a Atlanta, desde donde le sería posible dirigir el Movimiento de manera mucho más eficaz.

Otro ataque contra Martin Luther King

Apenas llegado a la ciudad de Atlanta, King fue objeto del peor de los ataques contra él dirigidos, porque atañía a su reputación de hombre y fiel contribuyente. En efecto, un gran jurado de Montgomery lo acusó de haber falsificado sus declaraciones de renta en los años 1956 y 1958. En la declaración se daba a entender que había recibido un dinero de la MIA y de otras organizaciones que no había declarado.

Pese a que tal acusación era falsa a todas luces, Martin sufrió más que por la herida causada por la negra en Harlem.

Lo cierto es que era un hombre sumamente escrupuloso en su contabilidad, y muy honrado para consigo, para con los demás y para con el Estado.

El día 20 de mayo de 1959, la causa se vio en Montgomery. Las sesiones duraron de lunes a sábado. Y el día 28, el jurado entró a deliberar. Todos los amigos de Luther King, incluida su esposa, sabiéndole completamente inocente, esperaban que fuese condenado por un tribunal sudista como aquél. Sin embargo, Martin Luther King apenas dio crédito a sus oídos cuando el portavoz del jurado pronunció:

—No culpable.

Era increíble: un jurado del Sur, compuesto por doce individuos blancos, le había declarado inocente.

Martin Luther King y los estudiantes

El año 1960 fue el de las sentadas de estudiantes contra la segregación en cantinas y restaurantes. Se iniciaron en Greensboro, Carolina del Norte, cuando se negaron a servir a Joseph McNeill, estudiante de primer curso del *Agricultural and Technical College* de aquel Estado, en la cantina de la estación de autobuses.

Su compañero de habitación le mostró un libro publicado sobre Martin Luther King y el boicot de autobuses, y alentados por esto, McNeill, su amigo y otros dos estudiantes se presentaron el 1.° de febrero en los almacenes Woolworth, pidiendo con insistencia, pero sin armar escándalo, que les sirviesen. Como era de prever, allí se negaron a ello, y ellos también se negaron a abandonar el local.

Volvieron allí día tras día, acompañados ya por otros estudiantes blancos y negros de la universidad. Los servicios de información captaron la noticia y el movimiento se propagó como la pólvora. Dos semanas más tarde, todos los estudiantes negros y blancos de las universidades del Sur, desde Florida a Virginia, y hasta el oeste de Lousiana, habían promovido sentadas. Hubo varias detenciones, pero eso sirvió especialmente para propagar más el alboroto.

Martin y los estudiantes se hallaban en muy buenas relaciones. En aquellas sentadas, exhibíanse pancartas que decían:

Acordaos de las enseñanzas de Gandhi y de Martin Luther King.

Se acordó celebrar una reunión y ésta empezó el 15 de abril, jueves santo, durante tres días en la *Shaw University* de Raleigh, Carolina del Norte. Asistieron unos 145 estudiantes, siendo los principales oradores Luther King y James Lawson. Fue en aquella reunión donde se fundó el Comité Coordinador del Estudiante No Violento, o SNCC, según las siglas americanas.

En dicha reunión se adoptó el sistema de oposición no violenta, buscando una integración racial absoluta.

En Atlanta, hicieron su aparición las sentadas en el otoño de 1960. Los autobuses ya estaban integrados gracias al boicot. Ahora se trataba de integrar los restaurantes y otros locales públicos, que continuaban completamente segregados.

Decía Martin Luther:

> La esclavitud en América ha estado perpetuada no sólo por la malicia humana, sino también por el cegamiento humano. En verdad, la causa fundamental del régimen de esclavitud puede, en una gran medida, ser atribuida al factor económico. Los hombres se han convencido de que un régimen económico tan rentable debía ser justificable moralmente. Sus razonamientos han revestido evidentes falsedades con los bellos adornos de la rectitud. Esta trágica tentativa de dar una sanción moral a un sistema económicamente provechoso ha dado nacimiento a la doctrina de la supremacía blanca... Se ha acudido a la Ciencia para probar la inferioridad del negro. La lógica filosófica también ha estado manipulada para dar una credibilidad intelectual al sistema de la esclavitud. Alguien ha puesto el argumento de la inferioridad del negro en una hermosa fórmula de silogismo aristotélico:
>
> «Todos los hombres son hechos a imagen de Dios; ahora bien, como todo el mundo sabe, Dios no es negro; por lo tanto, el negro no es un hombre.»
>
> Los hombres, pues, han combinado injustamente las ideas de la religión, de la ciencia y de la filosofía para justificar la doctrina de la superioridad blanca. Pronto esta idea se encontró impresa en todos los manuales y predicada prácticamente desde todos los púlpitos.

Ante todo ello, y sin desfallecer, King se dispuso con más ímpetu a la lucha.

CAPÍTULO XIII

DE NUEVO, EN LA CÁRCEL

Cierto día, cuando Martin Luther King viajaba en avión hacia Atlanta, siendo ya una figura nacional, trabó conversación con un individuo blanco que estaba sentado a su lado, y cuando llegaron al aeropuerto, el blanco, encantado por la conversación tan amena de Luther King, lo invitó a comer en el aeropuerto.

Martin aceptó contento, y ambos hombres penetraron en el restaurante. Pidieron una mesita para dos, y la camarera, después de mirar al propietario de soslayo, respondió:

—He de colocarles en mesas separadas.

Diciendo esto, indicó un cortinaje que ocultaba varias mesitas, sin duda reservadas a los miembros de raza negra.

—Oh, no —respondió firmemente Martin—, por favor.

—Sí, no tema —insistió la camarera—. No hay ninguna diferencia ni en la comida, ni en la mesa, ni en las sillas. Todo es igual.

—No, no. No es igual. Cuando se nos segrega, usted me priva de la compañía de este hermano mío, con quien deseo seguir charlando —señaló los adornos de la pared y agregó—: Si me colocan detrás de esa cortina, me privan del placer estético de estas pinturas. No, todo no es igual.

Martin no se mostró dispuesto a sentarse detrás de la cortina y se marchó de allí.

Fue precisamente contra esta discriminación por la que protestaban los estudiantes de Atlanta, donde su principal

83

objetivo fue el *Rich's Department Store,* una cadena de restaurantes del Sur. Invitaron a Martin a sentarse con ellos en el bar-restaurante del establecimiento, cosa que King aceptó.

Era un grupo de unos setenta y cinco estudiantes. Todos fueron arrestados, entre ellos Martin. También se hallaban entre los detenidos, el reverendo Otis Moss, el reverendo John Porter, y otras personalidades. Previamente ya habían convenido todos los estudiantes que si eran detenidos no pagarían la fianza. Naturalmente, casi todos fueron llevados a la cárcel.

—Bien —adujo Luther King—, pasaré uno o diez años en la cárcel, si es éste el precio a pagar para la integración del Rich.

Al correr la noticia del encarcelamiento, toda la comunidad se rebeló. Se formó un comité de estudiantes y adultos encargado de negociar con los comerciantes y los funcionarios municipales para buscar una solución al conflicto. Martin estuvo encerrado casi una semana, antes de dicha solución. Pero lo peor fue que, cuando se alcanzó la solución, fueron liberados muchos de los detenidos, pero no así el doctor King. Esto se debía a que éste se había olvidado de cambiar su permiso de conducir de Alabama por otro en Georgia, y en abril o mayo lo habían detenido por conducir con un permiso carente de validez.

La cuestión era bastante espinosa. Lo sucedido en Georgia era que una noche, el matrimonio King cenó con la escritora Lilliam Smith, y luego la acompañaron al hospital Emory, donde seguía un tratamiento por cáncer. Durante el trayecto, un policía hizo parar el coche sólo porque dos negros iban con una mujer blanca. Entonces, al darse cuenta de que se trataba del doctor King, el «alborotador», le entregó una citación.

Esto pasó cerca de *Kalb County,* una conocida fortaleza del Ku-Klux-Klan.

La violencia de otros movimientos negros también era condenada por Luther King.

Al día siguiente, Martin y su padre se presentaron en el juzgado, donde multaron al doctor King con veinticinco dólares, y quedó en libertad provisional.

Luther King no tardó en olvidar el incidente y también lo de la libertad provisional.

Por lo tanto, cuando se supo que iban a dejar en libertad a los autores de la sentada contra el establecimiento Rich, se presentaron en la cárcel unos funcionarios del condado Kalb, pidiendo que lo entregasen a su custodia, con la excusa de que al tomar parte en la sentada, había violado la libertad condicional. Esto ocurrió el sábado por la noche. Es decir, el juicio no debía celebrarse hasta el martes siguiente, por lo que el doctor King debía quedarse en la prisión.

El martes por la mañana, el *sheriff* del condado Kalb fue a buscarlo a su celda. Lo esposó y salió así de la cárcel con su prisionero. Naturalmente, la Prensa estaba frente a la salida del edificio. Y al día siguiente, casi todos los periódicos del país publicaron la foto del doctor King, esposado, al salir de la cárcel, como un vulgar delincuente.

Una vez celebrado el juicio, el juez Mitchell declaró:

—Hallo culpable al acusado y lo condeno a seis meses de trabajos forzados en la penitenciaría estatal de Reidsville.

Fue un golpe terrible para Martin Luther King y sus amigos y familiares. Pero fue precisamente aquel suceso el que contribuyó más que ningún otro a la ascensión de John Fitzgerald Kennedy a la presidencia de Estados Unidos.

John Fitzgerald Kennedy nació el 29 de mayo de 1917 en Brookline, Massachusetts. Era el segundo de los nueve hijos de Rose Fitzgerald y Joseph Patrick Kennedy, acaudalado financiero de origen irlandés, que fue embajador de EE.UU. en Inglaterra entre 1937 y 1940. John pasó su infancia en Boston, luego sus excelentes resultados en los estudios le llevaron a la *London School of Economics,* a

Princeton y a Harvard, donde en 1940 se licenció en Ciencias Políticas.

Durante la Segunda Guerra Mundial sirvió en la Marina en el frente del Pacífico, y el 2 de agosto de 1943 estuvo a punto de perder la vida cuando el destructor japonés Amagiri abordó la lancha torpedera que estaba a sus órdenes, a la altura de las islas Salomón. Herido, Kennedy permaneció durante catorce horas en el mar con otros dos compañeros, hasta que juntos alcanzaron un islote donde tuvieron que esperar siete días a que les rescataran.

Después de la guerra trabajó como corresponsal de prensa, y en 1946, a los veinte años, fue elegido representante en el Congreso por la undécima circunscripción de Massachusetts. Reelegido en 1948 y 1950, se significó por sus posturas «sociales», pero siguiendo en toda línea la doctrina del presidente Truman. En 1952 se enfrentó al prestigioso Henry Cabot-Lodge en las elecciones al Senado y le arrebató por 60.000 votos la representación de Massachusetts. América descubría en él a un nuevo «animal político».

En 1953 se casó con Jacqueline Bouvier, fotógrafa del *Paris-Match*. Siguieron tiempos difíciles. Debido a sus heridas de guerra, en 1955 fue sometido a una operación en la columna vertebral, a raíz de la cual se vio obligado a utilizar un corsé ortopédico. El restablecimiento fue lento y Kennedy aprovechó sus ocios forzados para dedicarse a escribir *Profiles in Courage,* que recibió el premio Pulitzer de 1956.

Reemprendida la carrera política, sus ideas inconformistas suscitaron la animosidad de ciertos grupos de presión, lo que explica en parte que en la Convención de 1956 no fuera designado candidato a la vicepresidencia. Este fracaso permitió, no obstante, que su figura política adquiriera dimensiones nacionales. Rodeado por un brillante equipo: su hermano Robert, Salinger, Katzenbach, preparó cuidadosamente la Convención de julio de 1960 en Los Ángeles, y consiguió ser nombrado candidato demócrata a la presidencia. A lo largo de una brillante campaña, en la que propuso una «nueva frontera», se ganó la simpatía de amplios sectores de la clase media, de la población negra y de los intelectuales y, aunque por escaso margen, se impuso al candidato republicano Richard Nixon en noviembre de 1960.

CAPÍTULO XIV

LA INTERVENCIÓN DE JOHN FITZGERALD KENNEDY

Cuando más desesperada se hallaba Coretta, la esposa de Luther King, pensando en ir a visitar a éste a Reidsville, donde se hallaba cumpliendo la condena impuesta por el juez Mitchell, recibió una llamada telefónica. Algunos biógrafos aseguran que fue Coretta la que buscó la influencia del entonces senador John Fitzgerald Kennedy, pero ella, en sus *Memorias,* afirma todo lo contrario. Es así cómo lo cuenta la misma esposa de Luther King:

> *Mientras me vestía para ir a visitar al abogado Morris Abram, a instancias de mi suegro, llamaron por teléfono. Y la persona que se hallaba al otro extremo del hilo, dijo:*
> *—¿Podría hablar con la señora de Martin Luther King, hijo...? Un momento, señora King, le hablará el senador Kennedy.*
> *El senador John Fitzgerald Kennedy se hallaba en los últimos días de su campaña para la presidencia de Estados Unidos. Aguardé unos segundos y después una voz que los discursos transmitidos por televisión me habían hecho ya familiar, dijo:*
> *—Buenos días, señora King. Soy el senador Kennedy.*

Tras los saludos de rigor, añadió:

—Deseo expresarle mi preocupación por su marido. Sé que para él es una cosa muy dura. Creo que ustedes esperan un hijo y sólo quería manifestarle que pienso en usted y en su esposo. Si en algo puedo servirles, le ruego que me lo diga con entera libertad.

—Le agradezco su interés —respondí—, y le agradeceré cuanto pueda usted hacer.

Esta fue la sustancia de aquella famosa conversación que, al decir de muchos, cambió la historia de Estados Unidos y le dio un Presidente a la nación.

En aquellos momentos no supe qué hacer, si bien me di cuenta de que aquella llamada telefónica podía ser utilizada con fines políticos.

Mi esposo tenía por norma no favorecer a ningún candidato a la presidencia, y ahora no deseaba identificarlo ni identificarme con ningún partido. Más adelante me enteré de que los asesores de Kennedy habían discutido la conveniencia de que su candidato hiciese una declaración pública, cosa a la cual, como es natural, se opusieron los políticos del Estado de Georgia porque creyeron que eso podría hacerle perder los votos del Sur. Por lo visto, un prominente político de Georgia le dijo, más o menos:

—Si deja el asunto en mis manos, haré que King salga en libertad.

Coretta continúa contando en sus *Memorias:*

A partir de este instante, el asunto se precipitó. Los periodistas empezaron a telefonear preguntando qué había dicho el senador. Al principio, me mostré muy poco dispuesta a hablar con la Prensa antes de ponerme en contacto con alguien del personal que estaba al frente de la campaña electoral de los demócratas, pero más tarde empecé a tener noticias alentadoras acerca de la liberación de Martin.

De este modo me enteré de que Robert Kennedy, el hermano de John, también senador, había telefoneado al juez Mitchell para saber por qué no podía poner en libertad a Martin bajo fianza, mientras se cursaba la apelación.

Esta llamada llegó a oídos de la Prensa y, evidentemente, esto hizo que el juez mudase de opinión. Y aseguró que lo pondría en libertad bajo fianza.

Fue a las doce de la mañana del día siguiente cuando me enteré de su puesta en libertad, y mi júbilo fue indescriptible.

Uno de los más alegres era su padre, quien, habiendo tenido la intención de votar a favor de Nixon, declaró entusiasmado:

—Si tuviese un saco lleno de votos, los depositaría todos a los pies del senador Kennedy.

Y finalmente Coretta termina en sus recuerdos, transcritos en sus *Memorias*, este episodio de la vida de su esposo:

Unos días más tarde —esto ocurría en 1961— John F. Kennedy fue elegido Presidente de Estados Unidos por una diferencia de cien mil votos. Y estoy convencida de que los historiadores tienen toda la razón cuando afirman que su intervención a favor de Martin le valió el triunfo. Esto tiene plena significación a causa de lo que ocurrió más adelante en la lucha por los derechos civiles y la relación del clan Kennedy con lo que trataba de conseguir Martin.

Y el infatigable pastor no se amilanaba:

—Nosotros, los negros, hemos soñado años y años la libertad, pero todavía nos hallamos confinados en una cárcel ominosa de segregación y discriminación. ¿Hemos de corresponder con acritud y cinismo? No, ciertamente, porque esto destruirá y envenenará nuestras personalidades. ¿Hemos de resignarnos y llegar a la conclusión de que la segregación es voluntad de Dios a la opresión? Claro que no, porque esto atribuye a Dios de forma blasfema aquello que pertenece al diablo. Cooperar pasivamente con un sistema injusto hace al oprimido tan malvado como al opresor. Nuestra conducta más provechosa es permanecer firmes con determinación y coraje, avanzar sin violencia entre obstáculos e inconvenientes, aceptar los desengaños y aferrarnos a la esperanza. Nuestro decidido rechazo a no ser frenados abrirá un día las puertas a la plenitud. Incluso permaneciendo en la prisión de la segregación hemos de preguntar: «¿Cómo puedo transformar este valor negativo en un valor positivo?» Reconociendo la necesidad de sufrir por una causa justa, posiblemente conseguiremos nuestra plena realización humana. Para guardarnos de lo amargo, nos hace falta ver, en las pruebas de esta generación, la inoportunidad de transfigurarnos nosotros y la sociedad americana. Nuestro sufrimiento actual y nuestra lucha pacífica para ser libres pueden ofrecer bien a la civilización occidental la clase de dinamismo espiritual que tan desesperadamente necesita para sobrevivir.

CAPÍTULO XV

LOS SUCESOS DE ALBANY

Por todo el Sur continuaron las sentadas y demás movidas con gran éxito y en centenares de comunidades se logró la integración. Después, en el año 1961, las protestas siguieron con el movimiento de las Marchas por la Libertad, que estaba destinado a integrar los autobuses y autocares de línea, y las estaciones terminales del Sur.

Estas marchas estaban apoyadas por la SNCC, y a Luther King lo nombraron presidente de la Coordinadora de tales marchas.

El 28 de abril, James Farmer, de la CORE, escribió al presidente Kennedy, notificándole el itinerario del primer viaje de la libertad, y el 14 de mayo, voluntarios blancos y negros subieron a varios autobuses de la empresa «Greyhound», una de las compañías más importantes, de recorridos transestatales, para emprender un trayecto a través de Virginia, Carolina del Norte y del Sur, Georgia, Alabama, y de Mississippi a Nueva Orleans, uno de los reductos más discriminatorios de la nación.

Este proyecto, ampliamente anunciado, enfureció extraordinariamente a los blancos del Sur.

Y grupos encolerizados atacaron a los autobuses en todos los Estados sureños, obligando a bajar a los pasajeros, pegándoles y llevándoles a la cárcel.

En Anniston, Alabama, una muchacha exaltada asaltó un autobús de la Greyhound, rompiendo las ventanillas con barras

93

de hierro, reventó los neumáticos y tiró una bomba incendiaria al vehículo.

Esos ataques continuaron durante mucho tiempo, pero las marchas motorizadas por la libertad prosiguieron durante todo aquel verano.

La campaña en Albany

Una de las campañas de aquella temporada hizo que el doctor King se trasladase a Albany, Georgia. Albany, localidad de segunda categoría, está a unos cien kilometros al sur de Atlanta, allí donde la discriminación racial es más acusada. Y a la sazón, esta situación era mucho peor. El Movimiento negro lo dirigía un médico de color llamado William G. Anderson, apoyado por dos jóvenes periodistas del SNCC, Charles Sherrod y Cordell Reagan, los cuales habían establecido un centro de alistamiento de votantes en la ciudad.

El movimiento, verdadera movida, empezó el 25 de noviembre de 1961, cuando tres negros jóvenes y uno ya mayor tomaron asiento en el restaurante de la terminal de autobuses y pidieron el menú. Los detuvieron, el 10 de diciembre, y un grupo de viajeros de la libertad, entre los cuales se hallaba el director de la juventud de la SCLC, Bernard Lee, llegó a Albany para ayudar a otro grupo que intentaba integrar la estación del ferrocarril. También los detuvieron. Luego, el 15 de aquel mes, una unidad de la guardia nacional de Georgia fue movilizada a petición del alcalde, Asa Kelly.

William Anderson telefoneó al doctor King pidiéndole ayuda. Sin embargo, el movimiento de Albany empezó antes de la llegada de Martin. Éste, junto con Ralph Abernathy, llegaron a Albany la tarde del mismo día en que había telefoneado Anderson. Y al día siguiente por la mañana encabezaron una manifestación de unas doscientas cincuenta personas, en dirección al Ayuntamiento. Fueron detenidos todos los manifestantes.

Después, se llevaron a cabo negociaciones, y la municipalidad aceptó integrar la terminal de autobuses y la estación ferroviaria, a cambio de que los contestatarios dejaran de realizar manifestaciones masivas. Acto seguido, pusieron en libertad a los detenidos.

El 27 de febrero de 1962, Luther King, Abernathy y otros fueron procesados por haber dirigido la marcha del mes de diciembre. Fueron declarados culpables, pero no los condenaron hasta el 10 de julio, cuando el juez dio a elegir a King entre una multa de 178 dólares o 45 días de cárcel. De acuerdo con sus principios, los dos se negaron a pagar la multa, pero alguien, siguiendo por lo visto el ejemplo del comisario de policía Clyde Sellers, abonó el importe de las multas, y tanto el doctor King como el reverendo Abernathy pudieron volver a sus casas.

La lucha de Albany duró todo el verano de 1962, sin que la municipalidad hiciese ninguna otra concesión. Prefirieron clausurar los parques públicos antes que integrarlos, y asimismo cerraron la biblioteca pública de la ciudad.

Aquel mes de julio hubo una explosión de violencia cuando unos dos mil muchachos lanzaron piedras contra la policía. Martin Luther King convocó un «Día de penitencia», por tales alborotos. También insistió en que durante toda aquella semana, la protesta se limitase a unas veladas con rezos.

El 27 de julio, King, Ralph y el doctor Anderson dirigieron la primera de tales veladas y fueron detenidos, siendo encarcelados. El juicio se fijó para el 10 de agosto, lo que significaba que estarían unas dos semanas al menos en la prisión.

Sin embargo, al doctor King y a Abernathy les suspendieron las sentencias y quedaron en libertad. No obstante, incansables, rápidamente organizaron una manifestación masiva, pero alguien de la policía se enteró, pidieron ayuda a los federales, y la manifestación proyectada quedó prohibida.

Pero Martin Luther King y Ralph Abernathy no se amilanaron y decidieron seguir minando la voluntad de las autoridades de los diversos Estados a fin de conseguir una verdadera integración en todos ellos.

Imaginando que es el propio San Pablo el que escribe una de sus famosas Epístolas a los norteamericanos, Luther King manifiesta:

> —*Permitidme que diga unas palabras a aquellos de vosotros que sois víctimas del malvado sistema de la segregación. Habéis de continuar trabajando apasionada y vigorosamente por vuestros derechos, divinos y constitucionales. Sería cobarde e inmoral a la vez que aceptaseis pacientemente la injusticia. No podéis, en buena conciencia, venderos el derecho de nacimiento a la libertad por un plato de sopas segregadas. Pero al continuar vuestra justa protesta, estad siempre seguros de que lucháis con armas y métodos cristianos. Estad seguros de que los medios que utilicéis sean tan puros como los objetivos que perseguís. Nunca sucumbáis a la tentación de la ira. A medida que ejerzáis presión en pro de la justicia, estad seguros que actuáis con dignidad y disciplina, usando, como arma principal, el amor. Nunca habéis de dejar que nadie os empuje tan abajo que sea fácil odiar. Evitad siempre la violencia. Si sembráis la labor de la violencia en vuestra lucha, las generaciones que todavía han de nacer recogerán el caos de la desintegración social.*

Encuentro entre Kennedy y Luther King, dos hombres marcados por un destino trágico.

En vuestra lucha por la justicia, haced llegar a vuestro opresor el conocimiento de que nunca tendréis el deseo de derrotarlo, ni hacerle sufrir las injusticias que ha amontonado encima vuestro. Hacedle conocer que la plaga supurante de la segregación debilita tanto al hombre blanco, como al negro...

CAPÍTULO XVI

OLA DE VIOLENCIA EN BIRMINGHAM

El voto negro decidió las elecciones en favor de John F. Kennedy, dijo en cierta ocasión, hacia 1963, Martin Luther King, y ya es hora de recordárselo.

De esta manera, el presidente Kennedy pidió el 25 de febrero de 1963 al Congreso de Estados Unidos una mayor presión federal para el reconocimiento pleno de los derechos civiles y electorales para los negros.

Resultaba evidente que, a pesar de las protestas pacíficas llevadas a cabo por los negros y sus principales líderes, las reformas iban con gran lentitud en los estamentos gubernamentales, por lo que tanto Martin Luther King como los otros dirigentes de color empezaban a estar cansados de tanta espera, y tenían ya los nervios a flor de piel.

A primeros de aquel año, las manifestaciones iban ya perdiendo su carácter no violento, lo cual dio motivo a represalias por parte de las autoridades, con palizas, detenciones y muchas arbitrariedades.

Martin Luther King recordó aquel «largo y cálido verano de 1963», con estas palabras:

> *Estamos a comienzos del año del Señor de 1963. Tengo ante mis ojos a un chico negro. Está sentado en un pozo, a la entrada de una casa de pisos de Harlem, embargada por la pobreza.*

99

En los pasillos se respiran emanaciones de basura y podredumbre. Los borrachos, los parados, los drogadictos, pueblan la vida cotidiana del muchacho. La escuela a la que asiste está integrada primordialmente por alumnos negros y unos cuantos puertorriqueños. Su padre está en el paro. Su madre de criada con una familia en Long Island.

Tengo ante mis ojos a una joven negra. Está sentada en el pozo de una vivienda destartalada de madera, de Birmingham, donde cabe una familia.

Hay quienes, al divisarla, dirán que más bien es una choza. Buena falta le hace una capa de pintura. El techo, aunque revocado, parece a punto de derrumbarse. Media docena de chicos de corta edad, en diversos grados de desnudez, corretean por el interior de la casa. La muchacha no tiene otro remedio que hacerles de madre.

Ya no puede seguir yendo a la escuela, exclusivamente para negros del barrio, porque su madre murió no hace mucho en un accidente de tráfico.

Los vecinos aseguran que de no haber tardado tanto la ambulancia, haciéndose cargo de ella, habría sobrevivido. El padre de la joven es portero de unos almacenes situados en el centro comercial de la ciudad.

Será portero toda su vida porque no hay promoción posible para los negros en esos almacenes, en cuyas secciones se le atiende, salvo en las que venden bocadillos calientes y jugos de naranja...

En Birmingham

Birmingham, en Alabama, una de las ciudades más florecientes de ese Estado, fue el foco de una serie de sucesos a cual más desagradable. Martin Luther King, que fue testigo de todo, afirmó que Birmingham era la ciudad más racista de todo el Sur de Estados Unidos. Y no le faltaba razón, puesto que el gobernador del Estado, George Wallace, apoyaba con todas sus fuerzas las iras de los blancos contra los negros.

Naturalmente, aquellos sucesos no fueron objeto de un estallido ocasional y espontáneo, sino que los mismos se habían ido generando desde tiempo atrás.

En realidad, el asunto comenzó cuando el boicot de los autobuses en Montgomery, en 1956. Entonces surgió el Movimiento Cristiano de Alabama, cuyo líder fue el reverendo Shuttlesworth. Ese Movimiento destacó en varias ocasiones, a partir de 1960, como por ejemplo, boicoteando diversos comercios de blancos, pero siempre dentro de la más estricta no violencia.

Luther King, enterado de ese nuevo movimiento, decidió ayudarlo con su prestigio y su experiencia.

Y el 3 de abril de 1963 se iniciaron los sucesos. Doscientos cincuenta voluntarios, bien adiestrados en las técnicas de la no violencia, se desparramaron en pequeños grupos, que entraban en los comercios y los restaurantes. Allí, silenciosamente, se sentaban y esperaban. Rápidamente, esta especie de invasión silenciosa fue contrarrestada con la cárcel. Los tres primeros días del movimiento ingresaron en prisión 35 negros jóvenes. En las iglesias negras se celebraban, mientras tanto, reuniones nocturnas, en un clima de gran solidaridad.

La no violencia se apoyaba en el Movimiento Cristiano de Alabama, con una tarjeta de «compromiso», cuyo texto decía:

Entrego aquí mi persona, física y espiritual, al movimiento no violento. Por lo tanto, me comprometo a respetar los diez mandamientos siguientes:

1. Meditar a diario sobre la predicación y la vida del buen Jesús.

2. Recordar que el movimiento no violento de Birmingham tiene como fin buscar la reconciliación y la justicia y no la victoria.

3. Conservar en mi conducta y en mis palabras la actitud de amor, pues Dios es amor.

4. Rezar todos los días y pedirle a Dios ser su instrumento para que todos los hombres lleguen a ser libres.

5. Sacrificar mis intereses personales para que todos los hombres puedan ser libres.

6. Observar, tanto hacia mi amigo como hacia mi enemigo, las habituales reglas de la cortesía.

7. Tratar de consagrarme regularmente al servicio de los demás y del mundo.

8. Guardarme contra la violencia, ya sea expresada por medio de la lengua, el puño o el corazón.

9. Esforzarme en observar una higiene espiritual y física.

10. Respetar las consignas del Movimiento y las del jefe cuando haya una manifestación.

Firmo este compromiso después de haber reflexionado con toda madurez lo que hago, y con la determinación y la voluntad de perseverar.

La llegada de Martin Luther King

Martin Luther King llegó a un Birmingham muy alborotado ya, en la segunda semana de abril, acompañado de bastantes seguidores suyos.

De acuerdo con las Memorias de la esposa de King, los acontecimientos se fueron desarrollando como sigue:

102

A partir de aquel instante (se refiere a los primeros días de la movida negra), todos los días hubo manifestaciones progresivamente más numerosas. Hasta entonces, los policías a las órdenes de Eugene «Bull» Connor, habían procedido ya a efectuar detenciones casi en masa, llegando éstas a la cantidad de cuatrocientos o quinientos negros, y si bien algunos quedaron en libertad bajo fianza, unos trescientos ingresaron en prisión.

Mientras tanto, Martin intentaba lograr que los comerciantes y las autoridades locales discutiesen las exigencias moderadas de la gente de color, o sea integración en las tiendas y almacenes, reconocimiento de una categoría profesional superior, y un sistema de colocación para los negros que no fuese discriminatorio. Asimismo, pedían la puesta en libertad de los encarcelados, y la creación de un comité de blancos y negros que estudiase las etapas de una integración progresiva en Birmingham. Y si bien los comerciantes, a causa de sus cuantiosas pérdidas, estaban dispuestos a negociar, las autoridades locales se oponían a ello.

El miércoles, dichas autoridades consiguieron un requerimiento contra los manifestantes, requerimiento que expidió un tribunal estatal y no federal. Martin pidió inmediatamente que no fuese obedecido. Y decidió que el 12 de abril, que sería viernes santo, él y otros dirigentes del movimiento desobedecerían el requerimiento a fin de provocar su detención.

Escogió con deliberación dicho día por su significado religioso. Y así, la mañana de aquel día se celebró una «tempestuosa» reunión de dirigentes en el hotel Gaston. Entre los reunidos se hallaban el padre de Luther King, Fred Shuttlesworth, John Porter, y el comerciante John Drew. Unos pastores negros opinaban que era preciso obedecer el requerimiento. Ralph Abernathy les contradijo, alegando que él era el único pastor de su iglesia y que no podría cumplir sus deberes religiosos durante los días santos. Martin, por su parte, era co-pastor de la Ebenezer, y su padre se encargaría de los servicios.

El argumento era válido. Y Martin recordó que el movimiento de Albany había fracasado precisamente por haber obedecido otro requerimiento como éste. Finalmente, Martin, tras larga deliberación decidió que estaba decidido a ir a la cárcel, y añadió:

«No sé qué ocurrirá. No sé si nuestro movimiento tomará empuje o fracasará. Si hay bastantes personas dispuestas a ir a la cárcel, creo que obligaremos a las autoridades locales o al gobierno federal a actuar. Por tanto, estoy decidido. Ya sé, Ralph —agregó, dirigiéndose al reverendo Abernathy—, que deseas estar con tu esposa el domingo de Pascua, pero a pesar de todo, te ruego que vengas conmigo.»

A lo que Ralph accedió de corazón.

Los líderes reunidos en aquella habitación de hotel se cogieron de las manos y cantaron Nosotros venceremos, uno de los himnos favoritos de los negros. Luego, todos se dirigieron a la iglesia de Zion Hill, donde debía iniciarse la marcha. Una vez allí, Martin subió al púlpito y les dijo a la congregación reunida cuál era su decisión. Fue un discurso cálido, lleno de frases y tropos emocionantes. El propio Martin, refiriéndose a aquel acto lleno de amor y ternura, lo describió con estas palabras:

Era como si todos los agentes de policía de Birmingham hubiesen sido enviados a aquella zona. Al salir del templo, fuimos avanzando por las calles prohibidas que conducen al centro de la ciudad. Fue una marcha magnífica. Logramos recorrer un tramo más largo que otras veces. Y durante todo el recorrido, llenaban las calles una doble hilera de negros... Nosotros cantábamos y todos los demás nos hacían coro. Y los

aplausos de los circunstantes se mezclaban con nues-
tros cantos.

Al llegar al centro, «Bull» Connor ordenó a sus
hombres que nos detuvieran. Dos policías robustos
nos arrastraron a Ralph y a mí, sujetándonos por la
espalda. A los demás también los arrestaron de inme-
diato.

Una vez en la prisión, a Ralph y a Martin Luther King los pusieron en celdas separadas, siendo esta la primera vez que les sucedía tal cosa. Llegaron al extremo de no poder recibir la visita de sus abogados.

CAPÍTULO XVII

LOS APUROS DE CORETTA KING

Cuando la esposa de Luther King se enteró de la detención de su marido, se desesperó y llamó a Wyatt Walker, amigo de Luther King y simpatizante suyo, el cual respondió:

—Todavía no he podido comunicarme con Martin. Llevo el día entero telefoneando a la cárcel. Ni siquiera permiten que le visite su abogado. Está incomunicado.

—¿Crees que serviría de algo hacer una declaración a la Prensa? —pregunté.

—Mejor será que llames al Presidente —me contestó Walker.

Medité un instante y respondí:

—Lo intentaré, si lo crees factible, pero antes quisiera que trataras de comunicarte con Martin para conocer su opinión.

Era el primer domingo de Pascua que faltaba a la iglesia, pero gracias a esta experiencia la Pascua tenía para mí una significación más precisa que nunca. Pasaron varias horas antes de que volviese a llamar Wyatt.

—Todo es inútil, Coretta —me comunicó al fin—, no he logrado hablar con él. No tienes más remedio que llamar al Presidente.

Llamé varias veces a la Casa Blanca pidiendo que me facilitasen el número de West Palm Beach, donde estaba Kennedy, pero la respuesta fue siempre:

—No tenemos ningún número de West Palm Beach para llamar al Presidente o a su familia.

Poco después, le pedí a la telefonista de la Casa Blanca que intentara ponerme en comunicación con el vicepresidente Johnson, pero también había salido de la ciudad. Ya furiosa, grité:

—¡Pero alguien debe poder ayudarme a ponerme en contacto con el Presidente!

La telefonista, una mujer amable, me preguntó:

—¿Desea que le ponga con Pierre Salinger?

Hablé con él inmediatamente y me respondió que haría cuanto estuviera en su mano para ponerse en contacto con el Presidente, a quien rogaría que me telefonease. Fue Harry Belafonte el que me llamó, en tanto aguardaba la llamada presidencial.

Estando hablando con Harry, llamaron por el otro teléfono, y apresuradamente lo descolgué.

—Señora King —dijo la voz—, soy el Fiscal General, Robert Kennedy, y respondo a la llamada que intentaba hacerle a mi hermano. El Presidente no puede hablar personalmente con usted porque se halla al lado de nuestro padre, que está enfermo. Pero ha querido que yo la llamase para saber qué podemos hacer por usted.

Coretta le contó todo lo ocurrido y Robert Kennedy respondió:

—Lamento mucho que no pueda hablar con su esposo, señora King, pero le aseguro que tenemos un problema difícil con las autoridades locales de

Luther King asistió al inicio del movimiento «Poder Negro» dirigido por Carmichael.

Birmingham. No es fácil convencer a Eugene Connor.
Tal vez cuando se constituya el nuevo ayuntamiento
será posible solucionar los asuntos de Birmingham.
De todos modos, le prometo que me interesaré por
la situación y le diré algo al respecto.

Coretta, ante estas palabras, sintióse más animada.

Fue al día siguiente cuando llamó el Presidente
en persona:
—Buenas tardes, señora King. Lamento no haber
podido hablar con usted ayer, aunque creo que habló
con mi hermano. Sólo deseaba disculparme, pues mi
padre está muy enfermo, y no podía apartarme de su
lado. Bien —continuó John F. Kennedy—, le intere-
sará saber que hemos enviado al FBI a Birmingham.
Por el momento, sabemos que su esposo goza de buena
salud —y tras una pausa, añadió—: Naturalmente,
Birmingham es una ciudad difícil. En fin, quiero que
sepa que hacemos todo lo que podemos. He hablado
con Birmingham y su marido no tardará en llamarla.
Si en los días venideros algo le inquieta, bien por su
esposo, bien por Birmingham, no deje de llamarme.
Puede hablar conmigo, con mi hermano o con el señor
Salinger.

Martin Luther King no tardó en llamar a su esposa, mani-
festándole que en la cárcel habían empezado a tratarle bien,
y que incluso le habían permitido salir de la celda para hacer
ejercicio, todo lo cual se debía, sin duda, a las presiones de
John F. Kennedy.

Y Coretta, recordando aquellos días, dijo más adelante:

Estoy convencida de que la intervención del pre-
sidente Kennedy dio un verdadero impulso al movi-

miento de Birmingham. El hecho de preocuparse por el asunto y que deseara que se hiciera justicia animó a los nuestros. También contribuyó a que las autoridades locales se diesen cuenta de que no podían continuar con aquellas prácticas tan inhumanas sin que su maldad fuese conocida por el gran público.

Por lo que a mí se refiere, pese a comprender que en la partida había empeñadas motivaciones políticas, estuve segura de que Kennedy se preocupó realmente de lo que nos ocurría. Era un hombre lleno de cordialidad humana. Naturalmente, por lo que se refiere a la comunidad negra, su actuación en el asunto de las sentadas de Atlanta ya le había granjeado un cálido afecto que se hacía extensivo a toda su familia.

Las negociaciones

Cuando Martin Luther King salió de la cárcel, al cabo de ocho días, continuó con sus actuaciones callejeras. El día 2 de mayo fueron encarcelados novecientos cincuenta y nueve niños negros. El gobierno federal adoptaba una postura de excesiva intransigencia y la policía local aumentaba su brutalidad. Los periódicos mostraban a las claras cómo estaban las cosas y todo el país seguía con emoción los sucesos de Birmingham.

Por fin, Kennedy envió a aquella ciudad a Burke Marshall, emisario suyo de toda confianza, a fin de que negociase con los grandes comerciantes de la localidad.

El día 4 de mayo concluyeron dichas negociaciones. Y quedó establecido el siguiente pacto:

1. Integración de los establecimientos en un plazo de noventa días.

111

2.   Contratación de los negros de Birmingham en un plazo de sesenta días.

3.   Cooperación oficial para libertar a todos los detenidos.

4.   Inicio, en un plazo de dos semanas, de una serie de diálogos entre negros y blancos para prevenir la necesidad de más protestas.

Nuevas brutalidades

Fuera del Estado de Alabama hubo también grandes actos de violencia contra los negros, como por ejemplo, el 12 de mayo, Medgar Evers, secretario del movimiento de Jackson, Mississippi, fue atrozmente asesinado, sin que las autoridades se preocuparan de averiguar quién o quiénes eran los culpables. Naturalmente, los negros reaccionaron violentamente y en los dos días siguientes fueron encarcelados más de tres mil quinientas personas de color.

Asimismo, hizo su aparición el temible y temido Ku-Klux-Klan. Y Luther King volvió a ser víctima de los alborotos. Fue destruida la vivienda de su hermano y estalló una bomba en el hotel Gaston de Birmingham, donde aún se hospedaba el doctor King, si bien, por suerte, se hallaba ausente en aquel momento. Hubo linchamientos, incendios, violencia sin cuento... y a pesar de todo, la lucha continuaba.

Martin Luther King, posteriormente, explicó en una misiva, al contestar a ciertos religiosos que elogiaban el brutal comportamiento de la policía, en estos términos, lo ocurrido:

> *Dudo de que aplaudiesen tan calurosamente a las fuerzas de la policía, de haber visto a sus perros hincar sus colmillos en los negros inermes, no violentos.*

Dudo de que aplaudiesen con tanto fervor a los policías, de haber presenciado el terrible y brutal trato que depararon en la cárcel local a los negros, o si los hubiesen visto empujar a las ancianas y a las muchachas negras; si los hubieran visto abofetear a los viejos y a los niños negros; si hubiesen observado cómo, según hicieron en dos ocasiones al menos, se negaban a darnos de comer porque deseábamos cantar juntos para bendecir la mesa.

No, no puedo unirme a ustedes en sus alabanzas a la policía de Birmingham.

Pese a todo, se acerca el final del escándalo. A últimos de mayo, el Tribunal Supremo Federal falló favorablemente en favor del derecho de todos los negros a sentarse en los restaurantes y comercios, sin la menor discriminación. Kennedy, al enterarse de esta sentencia, expuso «con palabras rigurosas» el triste estado de los negros norteamericanos:

... el negro, que apenas si llega a tener una tercera parte de oportunidades que el blanco para su ingreso en la enseñanza secundaria, que sólo dispone de una décima parte de oportunidades para obtener diez mil dólares, que sufre dos veces más peligro de paro y se expone al riesgo de verse en la cárcel tres veces más, que su esperanza de vida es siete veces menor que la blanca, que su nivel sanitario y residencial es de manera alarmante inferior...

Pese a tales hechos, pese a tales palabras, todavía faltaba (¿acaso no falta todavía en la actualidad?) un largo trecho que recorrer. Sin embargo, en Birmingham, los negros ganaron su primera gran victoria. Y Kennedy, pasados ya aquellos luctuosos sucesos, recibió a Martin Luther King en la Casa Blanca, y le comentó durante la entrevista:

—Creó que «Bull» Connor ha hecho tanto como Abraham Lincoln en favor de los derechos civiles negros. ¿No opina lo mismo, reverendo King?

También más tarde, King efectuó un balance de los sucesos de la ciudad de Birmingham:

Quiero creer que los sucesos trágicos y negativos del pasado de Birmingham se convertirán en positivos y halagüeños y todavía utópicos, en un futuro; que los pecados de un ayer tenebroso serán redimidos por las obras de un mañana esplendente. Tales son mis esperanzas, porque un día de verano se hizo realidad un sueño que yo tenía. Y la ciudad de Birmingham descubrió su conciencia.

CAPÍTULO XVIII

MARTIN LUTHER KING, EN WASHINGTON

Todos los amigos del doctor King y los dirigentes del gran movimiento negro estaban de acuerdo en que, tras el triunfo conseguido en Birmingham, era necesario obrar sobre caliente. Y celebraron una reunión con A. Philip Randolph, Roy Wilkins, de la NAACP; John Lewis, del SNCC; Dorothy Height, del Congreso Nacional de Mujeres Negras; James Farmer, del CORE, y Whitney Young, de la Liga Urbana. Fue Randolph el que propuso una marcha masiva hacia Washington, bajo el eslogan de «Trabajo y Libertad».

Todo el mundo aceptó entusiasmado tal idea. Martin Luther King estaba convencido de poder agrupar a su alrededor más de cien mil personas.

Además, como estaba hondamente preocupado por los estallidos de violencia que surgían esporádicamente en algunas partes del país, creía que una gran manifestación pacífica hacia la capital federal serviría para darles a las masas negras la posibilidad de realizar una protesta no violenta y presionar al Congreso para que aprobase sin tardanza la ley de los derechos civiles propuesta por el presidente Kennedy.

Se convino que la marcha tendría lugar el 28 de agosto. Sería una manifestación corta a lo largo del Mall, desde el monumento a Washington hasta el Memorial Lincoln, donde se pronunciarían los discursos de rigor. Todo quedó establecido de la manera más meticulosa y rigurosa posible, bajo la dirección de Bayard Rustin, que era el coordinador general, en tanto que Walter Fauntroy sería el coordinador en la capital.

Fue mientras se perfilaban todos los detalles de la marcha que Luther King escribió las primeras cuartillas de su tercer libro, titulado *Por qué no podemos aguardar.* El libro anterior había sido *La fuerza del amor.*

Coretta relató como sigue aquella jornada del 28 de agosto en Washington:

> *El día 27, desde Atlanta, nos marchamos los dos a Washington, junto con los miembros de la junta del SCLC. En las habitaciones del hotel, Martin empezó a revisar su discurso, con el fin de condensarlo en un parlamento de ocho minutos, que eran los que le habían concedido. Trabajó toda la noche, sin pegar un ojo.*
>
> *Yo me adormilé hacia las tres de la madrugada. Mientras trabajaba, Martin preguntaba a los que estábamos en la habitación que le sugiriésemos alguna u otra palabra que expresara mejor sus ideas. El sería el tercer orador y la televisión y la radio propagarían sus palabras a millones de norteamericanos. El discurso quedó al fin correctamente perfilado, pero el que realmente pronunció fue mucho mejor todavía.*

El discurso

Y es Coretta King quien sigue relatándonos los hechos:

> *Nos dirigimos al Mall y allí me hallé separada de mi esposo. Mi mayor ilusión habría sido ir a su lado en la manifestación, pero el Comité organizador había dispuesto las cosas a su modo.*

Mucho se ha escrito acerca de cómo se desarrolló aquella jornada. En realidad, los dirigentes no encabezaron la manifestación sino que no se mezclaron con los manifestantes, y así se inició la marcha hacia el Memorial Lincoln.

Yo iba con Wyatt y Ann Walker, con Ralph y Juanita Abernathy, con el doctor Bunche, Lena Horne y otros muchos hermanos y hermanas de la causa. Al llegar al Memorial nos dirigimos a la plataforma. Delante había ya un espeso muro humano, pero cuando Wyatt gritó: «Abran paso a la señora King», todos se fueron apartando con mucha ceremoniosidad.

En la plataforma pude sentarme detrás de Martin. Desde allí divisé un inmenso gentío que se alargaba por todo el Mall, hasta el monumento a Washington. Por otra parte, sabía que eran millones las personas que iban a escuchar el acto, entre ellas el presidente Kennedy, que lo seguiría por televisión.

Hacia la una de la tarde, Camilla Williams inauguró la ceremonia, cantando Stars and Stripes. Debía cantarla la gran cantante de color Marian Anderson, pero su avión sufrió un gran retraso y no pudo llegar a tiempo para actuar, aunque llegó mucho más tarde, confusa y muy pesarosa. A. Philip Randolph, el director de ceremonias, presentó a Fred Shuttleworth, quien dijo:

«Nos hallamos concentrados aquí porque amamos a nuestro país, porque nuestro país nos necesita y porque nosotros lo necesitamos a él.»

Luego, fueron presentados los demás oradores, quienes dirigieron la palabra al público. El programa fue tan largo que recuerdo haber pensado que Martin debía estar ya cansado, por lo que resultaría muy difícil animar con su oratoria a los manifestantes.

117

*Finalmente, después de que Mahalia Jackson ento-
nase las estrofas maravillosas de Me han maltratado
y se han burlado de mí, con su cálida voz, Randolph
presentó a mi marido.*

*Al oír su nombre, todos los presentes repitieron
insistentemente su nombre: «Martin Luther King», y
mi esposo se emocionó visiblemente.*

*Cuando empezó a hablar comprendí que había
olvidado ya el discurso tan cuidadosamente prepa-
rado la noche anterior, y que lo que decía era algo
completamente diferente... pero muy superior.*

*«Hermanos, hemos venido aquí porque, en vez de
honrar sus sagradas obligaciones, Norteamérica le
ha dado al negro un cheque en falso. Hemos venido
todos aquí para redimir ese cheque y no aceptare-
mos la idea de que no hay suficientes fondos en el
Banco de la Justicia.*

*»Hoy os digo que, pese a que nos enfrentemos con
las dificultades de ahora y del mañana, todavía tengo
un sueño. Es un sueño profundamente enraizado en
el sueño americano. Sueño que un día la nación se
levantará y convertirá en realidad la significación
auténtica de su credo: "Sostenemos que estas verdades son evidentes por sí mismas, que todos los hombres fueron creados iguales."*

*»He soñado que un día, en los montes colorados de
Georgia, los hijos de los antiguos esclavos y también
los hijos de sus antiguos amos podrán sentarse juntos
a la mesa de la fraternidad. Sueño que un día hasta el
Estado de Mississippi, un Estado asfixiado por las injusticias de la gente, sofocado por el calor de la opresión,
se convertirá en un oasis de justicia y libertad.*

*»Sueño que un día mis cuatro hijos vivirán en una
nación donde no serán insultados por el color de su*

Frente a la no-violencia de Luther King y sus seguidores, el Ku-Klux-Klan arreciaba en sus ataques a los negros.

piel, ni juzgados por ella, sino por las cualidades del carácter.

»Sueño que un día todos los valles serán exaltados y que todas las colinas y montañas quedarán niveladas. Los ásperos senderos serán aplanados y los vericuetos sinuosos serán enderezados. Esta es la fe con que vuelvo al Sur. Y con esta fe podremos sacar de las montañas de la desesperación las piedras de la esperanza. Con esta fe seremos capaces de trabajar juntos, de luchar juntos, de ir juntos a la cárcel, de defender juntos la libertad, convencidos de que un día seremos libres.

»Este será el día en que todos los hijos de Dios podrán cantar con una entonación nueva: 'Que resuene la libertad'. Dejemos pues, que la libertad resuene en las cimas prodigiosas de New Hampshire; dejemos que resuene en los altísimos montes de Nueva York. Y no sólo eso. Dejemos que la libertad resuene en el Monte de Piedra de Georgia, que resuene en cada remanso, en cada onda del Mississippi, en todas las vertientes.

»Cuando se permita que la libertad resuene en cada ciudad, en cada aldea, en cada Estado, entonces podremos avanzar y conocer que ha llegado el tiempo en que todos los hijos de Dios, blancos y negros, judíos y gentiles, protestantes y católicos, podrán cogerse de las manos y entonar las viejas palabras del canto espiritual negro: ¡Al fin libres! ¡Libres al fin! ¡Dios Todopoderoso, al fin somos libres!»

Al terminar su discurso, se produjo un intenso silencio, el mismo que precede a las grandes tempestades, y fue una tempestad la que se produjo allí, gritando todos los presentes el nombre de mi esposo, el nombre sacrosanto de la libertad y en pro de la unidad racial.

Nueva escalada de violencia

Tras el entusiasmo que despertó aquella manifestación masiva de Washington, deseando todos que los sueños de Martin Luther King se trocasen en una realidad palpable, el Ku-Klux-Klan se disponía a actuar de nuevo, y con él los elementos subversivos más contrarios a estos sueños de los negros.

Mientras tanto, en Washington seguían discutiendo acerca de la ley de derechos civiles, llamada ya Ley-Kennedy, sin que ningún acuerdo fuese alcanzado.

Lo cierto es que durante el verano de 1963 se celebraron unas mil cuatrocientas manifestaciones en diferentes localidades de Estados Unidos, y seguramente por miedo a que los negros acabasen por conseguir lo que tanto ansiaban, la violencia contra ellos se reprodujo en Birmingham.

En efecto, unas tres semanas después del memorable discurso del doctor King en la capital federal, exactamente el 15 de septiembre, alguien puso una bomba en la iglesia baptista de la calle 16. Anteriormente, ya había estallado otra, el 4 del mismo mes, en el jardín de la casa del abogado blanco, Sheres, defensor de los negros, y su esposa ya había sufrido otro atentado unos días antes, quedando gravemente herida.

Los negros, ante la pasividad de la policía, declararon que estaban dispuestos a descubrir a los culpables, por lo que hubo choques entre los policías y los manifestantes de color. «Bull» Connor adoptó medidas tremendamente brutales y el resultado fue un negro muerto y varios heridos graves.

Y en medio de esta nueva oleada de violencia, estalló la bomba en la iglesia baptista, causando la muerte a cuatro niñas inocentes.

Luther King se estremeció al pensar que reinase tanto odio en el mundo contra otros seres humanos, especialmente tan frágiles como unas niñas.

Al día siguiente, después de predicar en su iglesia, King se marchó a Birmingham para consolar a las familias de las inocentes víctimas del furor antinegro. Luego, para tres de las niñas se celebró un servicio fúnebre conjunto. La otra familia estaba tan abatida y desesperada que se negó a participar en aquel acto, que debía ser de predicación en favor de la concordia y la paz.

King iba a pronunciar una homilía, pero se le adelantó el novelista John Killens, el cual exclamó:

—¡Este es el final de la no violencia! Ahora, los negros deben disponerse a empuñar los fusiles.

—No estoy de acuerdo —arguyó Christopher McNair, padre de una de las víctimas—. ¿De qué le habría servido a mi pobrecita Denise tener una ametralladora en las manos?

En su oración, el doctor King dijo:

> *Su muerte nos obliga ahora a trabajar apasionadamente, sin descanso, para convertir el sueño americano en una realidad. Esas criaturas no habrán muerto inútilmente. Dios sabe extraer del mal un bien. La Historia ha demostrado una y otra vez que el sufrimiento inmerecido es redentor. La sangre inocente de esos seres será la fuerza redentora que iluminará esta ciudad sumida en la oscuridad.*

Muerte de un presidente

Otra tragedia acechaba en las sombras, una tragedia que debía ensombrecer el panorama de los negros, alejando sus sueños de redención hasta un futuro tal vez inalcanzable.

Efectivamente, fue el 22 de noviembre de 1963 cuando en Dallas, del Estado de Texas, moría asesinado traidoramente el Presidente de Estados Unidos, John F. Kennedy. La verdad sobre este crimen nunca se reveló, ni es fácil que llegue a conocerse nunca. Testigos del drama, personajes conocedores tal vez de la oscura trama que puso fin a la vida de John Kennedy, han ido muriendo, casi todos en circunstancias altamente sospechosas.

¿Se debió aquella muerte al Ku-Klux-Klan, por los esfuerzos de Kennedy en favor de los negros, por su ley de los derechos civiles? ¿Tal vez fue una conspiración de los ultras, siempre molestos ante un Presidente decidido a conducir la nación por el camino de la democracia y la libertad, dispuesto asimismo a poner fin a la guerra fría con Rusia?

La incógnita persiste hoy día, pero lo cierto es que al morir John Fitzgerald Kennedy en Dallas, con él murieron las esperanzas de millones de negros norteamericanos, quedando postergados sus sueños *sine die,* tal vez hasta la consumación de los siglos.

CAPÍTULO XIX

LUTHER KING, PREMIO NOBEL DE LA PAZ

Fue el vicepresidente Lyndon B. Johnson quien por derecho natural sucedió al asesinado presidente Kennedy en la máxima magistratura de Estados Unidos. Y fue durante su mandato cuando se votó y aprobó la Ley de los Derechos Civiles, tan alentada por el presidente muerto y por el propio Luther King.

Esta Ley establecía, entre sus puntos principales:

1. Garantizar el derecho de los negros a votar.

2. Declarar ilegal la segregación racial en todos los sitios públicos.

3. Declarar también ilegal la segregación laboral.

4. Garantizar a todos los acusados que pudieran solicitar que sus procesos fuesen vistos directamente por un tribunal federal.

5. Fundación de la Comisión de los Derechos Civiles, para vigilar y controlar todas las disposiciones integracionistas.

6. Autorizar al Gobierno para iniciar los procedimientos legales a fin de conseguir la integración escolar.

7. Autorizar al Gobierno Federal a suprimir los créditos a programas estatales o locales si en ellos existía la menor segregación.

8. Crear el Servicio de Relaciones Comunitarias para mediar en los problemas raciales, tanto individuales como comunitarios.

Esta Ley de Derechos Civiles, aprobada por el Congreso, hubiese sido maravillosa de haberse cumplido, pero como en tantas cosas gubernamentales y de la política, así como de la misma vida, la teoría no se correspondió con la práctica.

El Premio Nobel de la Paz

Mientras, desde 1961 Norteamérica empezaba a desangrarse en la guerra que llegó a ser la más odiada y aborrecida de toda la Humanidad, y es la mancha que siempre acompañará la memoria, por lo demás simpática y generosa, del presidente Kennedy.

La guerra de Vietnam, en efecto, que había empezado para Estados Unidos bajo el mandato de Kennedy, tal vez como un simple paseo, desde 1963 se vio que no sería tan sencillo dominar a los vietnamitas del Norte, y el conflicto continuó bajo la presidencia de Johnson, hasta que empezó a relacionarse asimismo con el problema negro.

Martin Luther King, angustiado por este panorama sombrío que entenebrecía realmente al mundo entero, experimentó un aliento impulsivo para su labor cuando el Parlamento Noruego le concedió en 1964 el Premio Nobel de la Paz, debido a que, según dijo el portavoz del organismo de Oslo, «el doctor King ha logrado mantener a sus seguidores fieles al principio de la no violencia. Sin la eficacia de este principio, confirmada por el doctor King, las marchas y manifestaciones hubieran podido ser violentas y haber llegado a saqueos y derramamiento de sangre».

Martin Luther King se trasladó, pues, a Oslo y el día 10 de diciembre de 1964, recibió de manos del rey Olaf de Noruega el preciado Premio Nobel de la Paz. Luther King, en su discurso, no se mostró optimista, ni mucho menos.

Los luchadores no violentos podemos resumir nuestro programa con estas palabras: tomamos medidas directas contra la injusticia, pese a las negativas del Gobierno y otras instituciones oficiales, que deberían ser las primeras en ocuparse de ella.

No obedecemos ninguna ley ni nos sometemos a ninguna medida que lesione la justicia. Actuamos pacífica, sincera y públicamente porque deseamos convencer. Elegimos la no violencia porque aspiramos a una sociedad en paz.

Tratamos de convencer con palabras, pero cuando éstas no son escuchadas, lo intentamos con los hechos. Siempre estaremos dispuestos al diálogo y a un compromiso justo, pero cuando sea preciso estamos dispuestos a sufrir e incluso poner nuestra vida en juego para que nuestra muerte sea asimismo testimonio de nuestra verdad.

Tengo presente que ayer mismo, en Birmingham, Estado de Alabama, nuestros hermanos, que clamaban por la libertad de todos los hombres, fueron recibidos con mangueras contra incendios, perros enfurecidos y policías más enfurecidos todavía, y que saben manejar bien las porras para causar la muerte.

Tengo presente que ayer mismo, en Filadelfia, Mississippi, jóvenes que intentaban asegurarse el derecho al voto fueron apaleados y asesinados.

127

Debo, por tanto, preguntarme —acabó Luther King su discurso—, *por qué se concede este Premio a un Movimiento que está asediado y comprometido en lucha tenaz a un Movimiento que no ha conseguido la paz y la hermandad que constituye la esencia del Premio Nobel.*

Tras honda reflexión, llego a la conclusión de que este Premio que yo recibo en nombre del Movimiento, implica un profundo reconocimiento de que la no violencia es la respuesta a las cruciales cuestiones políticas y raciales de nuestra época.

Acepto hoy este Premio con una fe íntima en Norteamérica y una audaz fe en la Humanidad. Me niego a aceptar la idea de que el hombre sea un simple madero flotante en el río de la vida que le rodea. Me niego a aceptar la idea de que la Humanidad está tan trágicamente ligada a la noche oscura del racismo y la guerra, y que jamás puede llegar a ser una realidad la radiante luz y la fraternidad...

Tenía razón Luther King al pronunciar estas palabras, porque lo cierto es que el año 1964 no fue para él, como no lo fue para otros muchos, negros y blancos, tanto en América del Norte como en Vietnam, una época de venturas y de paz, sino todo lo contrario.

Correligionario en principio de Luther será Malcolm X, nacido en Nebraska en 1925. Hijo de un pastor baptista como King, a los cuatro años presenció cómo el KKK incendiaba su casa. En 1946, condenado por robo, ingresó en prisión y allí se adhirió a los denominados musulmanes negros, cambiando su apellido esclavo Little por X. Liberado en 1951, el jefe de la secta, Elijah Muhammad, le envió a predicar por todo el país. Pronto se hizo famosa su elocuencia en denunciar la explotación blanca y su defensa del orgullo de raza y

Asociación de otras religiones como los «Musulmanes Negros» respetaban a Luther King y su acción no violenta.

129

del nacionalismo negro. Enfrentado a la cúpula de los musulmanes negros los abandonaría precisamente en 1964 y crearía su propia organización. Ese mismo año dictó su biografía y peregrinó a La Meca. Amenazado de muerte en diversas ocasiones, a comienzos de 1965 una bomba explotaría en su domicilio, y pocos días después moriría acribillado durante un mitin en Harlem (21 de febrero de 1965).

Aunque la mayoría de dirigentes del movimiento pro derechos civiles le rechazaban por sus ideas violentas, tras su muerte, la publicación de su autobiografía le convertiría en el héroe más indiscutible de los jóvenes negros de EE.UU.

CAPÍTULO XX

LA MARCHA HACIA SELMA

En 1965, en vista de que la integración racial no pasaba de ser una utopía, y que la Ley de Derechos Civiles era por el momento un papel mojado, Luther King, siempre infatigable, estuvo en diversas ciudades de diferentes Estados a fin de promover la integración y tratar de convencer a los blancos de la necesidad cristiana de considerar a los negros como hermanos suyos.

Finalmente, tras consultar con Ralph Abernathy y otros líderes negros, decidió efectuar una marcha sobre Selma, la capital del condado de Dallas, que era el verdadero corazón del cinturón negro, y por consiguiente el símbolo de la opresión negra.

Selma está situada entre Montgomery y Birmingham, y poco después de su vuelta de Oslo, precisamente el 2 de enero de 1965, Luther King se dirigió a Selma junto con otros miembros del Movimiento. Lo primero que hicieron fue poner a prueba los establecimientos públicos.

De este modo, muchos negros se presentaron en hoteles y restaurantes de la población, pidiendo ser atendidos. Al doctor King ya le habían advertido de que podía armarse un buen alboroto, pudiendo llegar incluso la cosa a un mal término. Sin embargo, aquel primer día no ocurrió nada, y los negros fueron debidamente servidos.

Una semana más tarde, King volvió a Selma. Aquel día, un hombre de raza blanca los siguió con insistencia, pero a causa de su aspecto respetable, nadie sospechó nada. Sin embargo, cuando el doctor King estaba inscribiéndose en el hotel Alberto, el individuo que le seguía se situó detrás de él y murmuró unas palabras. Cuando Luther King se volvió para responderle, el otro le pegó con toda su fuerza en la cabeza. El doctor King cayó, pero algunos miembros de la Junta lo sostuvieron y lograron apresar al agresor, sujetándolo hasta que llegó la policía, quedando arrestado. El golpe dejó a King con unos terribles dolores de cabeza durante varios días.

Otra víctima de la violencia blanca, pero esta vez mortal, fue Jimmy Lee, hijo de una condiscípula de la esposa de Luther King, el cual, durante una manifestación celebrada en Marion, halló una muerte brutal a manos de los racistas y la policía local. El pobre joven no había tomado parte siquiera en la manifestación.

De nuevo, en la cárcel

En los primeros días de febrero, Luther King y Ralph Abernathy encabezaron una marcha en Selma hacia el ayuntamiento con el fin de protestar por la serie de obstáculos que se oponían a la inscripción de los votantes negros. Todos fueron detenidos, y aunque la mayoría quedó en libertad bajo fianza, Luther King y Abernathy se negaron a pagar. Los encerraron en la misma celda y estuvieron allí cinco días.

Cuando Coretta King fue a visitar a su marido en la cárcel, también estuvo en la iglesia de Brown, y se le acercó Andy Young, de la Junta, el cual la invitó a hablar con Malcolm X, un dirigente negro ciertamente exaltado, amigo de la violencia.

Según la propia Coretta:

> *Cuando me presentaron a Malcolm X, me impresionó favorablemente su inteligencia, y me resultó muy amable cuando me dijo:*

*—Señora King ¿querrá decirle a su esposo que
tenía el proyecto de visitarle en la cárcel? Pero no
puedo ir porque debo dirigirme a Nueva York a fin
de tomar un avión para Londres, donde hablaré para
la Conferencia de los Estudiantes de África. Deseo
que el doctor King sepa que no he venido a Selma
para ponerle más difícil el asunto. En realidad, he
venido con la idea de facilitárselo. Si los blancos se
dan cuenta de cuál es la alternativa, tal vez se hallen
más dispuestos a escuchar las palabras de su marido.*

*Le di las gracias y se marchó, tras asegurarle que
transmitiría sus palabras a Martin.*

Efectivamente, cuando Coretta visitó a King en la prisión,
le habló de Malcolm y de sus sentimientos, aunque sin ahon-
dar en ellos. Y unos días más tarde, ya liberado King, se ente-
raron de que los ingleses le habían negado a Malcolm X el
derecho de entrada en las islas británicas, devolviéndole a
Norteamérica, donde unos ocho días más tarde murió asesinado en un acto público celebrado en Harlem.

El gran estallido

En realidad, la famosa marcha sobre Selma fue el último
acto espectacular encabezado por el doctor King. Como a
pesar de las protestas y de haber estado detenido King y otros
varios, las autoridades no les hacían ningún caso en el asunto
de los votos negros, empezaron las manifestaciones, algunas
de ellas sin la presencia del doctor King, reclamado en otros
lugares.

Durante las mismas, murió un negro, Jackson y unos días
más tarde, un sacerdote blanco y un leñador de color.

El verdadero culpable de aquellos actos de violencia era
el gobernador George Wallace, racista hasta la médula, por

lo que Luther King y sus seguidores, con muchos simpatizantes blancos, decidieron efectuar una gran marcha en Selma. De esta localidad habían de salir más de tres mil negros, pero la policía, a instancias de Wallace, hizo acto de presencia y llevó a cabo una carga sangrienta. Los manifestantes aguantaron impasibles la actuación policial, y algunos cayeron malheridos por los disparos y las porras hábilmente manejadas.

Y la violencia se desató de manera imparable.

El presidente Johnson llamó al doctor King, y después al gobernador Wallace, verdadero culpable de los sucesos. Luego, tras ser informado minuciosamente de lo sucedido, habló ante el Senado y la Cámara de Representantes, con uno de los discursos más importantes acerca del asunto de la segregación racial, en el que entre otras cosas, dijo:

> *Hablo esta noche en nombre de la dignidad humana y del destino de la democracia. En Selma, Alabama, hombres y mujeres que han sufrido mucho, protestaron por negárseles sus derechos como ciudadanos norteamericanos. Muchos han sido atacados con brutalidad. Murió incluso un buen hombre, un hombre de Dios.*
>
> *Es excepcional en cualquier época que un problema pueda llegar a la conciencia misma de Norteamérica. El problema de la igualdad de derechos para los negros norteamericanos es este problema. Y aunque derrotemos a todos nuestros enemigos, aunque dupliquemos nuestras riquezas, aunque conquistemos las estrellas, si continuamos siendo injustos en esta cuestión, habremos fracasado como pueblo y como nación.*
>
> *No, no se trata del problema negro. No se trata del problema del Sur. No se trata del problema del Norte. Se trata tan sólo del problema global norteamericano.*

Pese a todo, las cosas apenas cambiaron, puesto que al regresar Wallace a su «condado», todo continuó igual que antes.

Los negros no consiguieron ver atendidas sus peticiones de una inscripción de votantes más rápida, por lo que el doctor King, ya desesperado y desesperanzado, decidió continuar con las campañas no violentas, extendiendo su radio de acción a otras ciudades y otros Estados del país.

Y mientras tanto, la impopular guerra del Vietnam continuaba haciendo estragos entre la juventud norteamericana, más aún de los causados por la también impopular guerra de Corea.

CAPÍTULO XXI

EL PODER NEGRO

Después de decidir emprender una campaña por el Norte, Luther King y la Junta discutieron las ciudades a elegir. Finalmente, se decidieron por Chicago, Filadelfia, Washington, Nueva York, Cleveland y Detroit.

En sus viajes a Chicago, Luther King había hablado con la gente de la calle y estaba al corriente de su miseria y de las atroces condiciones en que vivían.

Entonces, durante el verano de 1965, King efectuó diversos viajes a Chicago, llegando a encabezar una manifestación de veinte mil personas que se concentraron delante del ayuntamiento.

En enero del año siguiente, 1966, se instaló en aquella ciudad la junta del SCLC, para proceder a los trabajos preparatorios. Martin Luther King decidió no vivir en un hotel, por lo que alquiló un piso donde podría vivir con toda su familia.

Y el día 6 de junio, antes de instalarse en dicho piso, Martin estaba presidiendo una reunión de la Junta en Atlanta, cuando le llegó la noticia:

—Han disparado contra James Meredith.

Meredith era un estudiante que el año 1962 había logrado personalmente la integración en la universidad de Mississippi. El día 6 de junio, él y otros cuatro amigos habían emprendido una marcha por el Estado de Mississippi para comprobar el progreso de la implantación de la ley de derechos civiles en aquella zona. Las primeras noticias hablaron de su muerte, pero más tarde se supo que sólo lo habían herido, aunque de gravedad, siendo llevado al hospital de Memphis.

El doctor King se marchó rápidamente a dicha localidad, donde se reunieron con él Floyd McKissick, del CORE; Jim Lawson, que dirigía la organización del SCLS de Memphis, y Stokely Carmichael, nombrado presidente del SNCC. Todos visitaron a Meredith en el hospital, y como King sabía que el joven era en realidad un «solitario», le preguntó si ellos podían efectuar la marcha que él había pensado hacer. A lo que Meredith asintió.

Los dirigentes establecieron el cuartel general en la iglesia metodista de Jim Lawson, y al día siguiente fueron hacia el lugar donde habían disparado contra Meredith, para proseguir hacia Jackson, Mississippi, en un par de coches del servicio de patrullas de carreteras, como acompañantes.

Fue durante aquella marcha de Mississippi que el doctor King se vio ya enfrentado con algunos de sus seguidores, que dudaban acerca de la eficacia de la no violencia.

Por su parte, Stokely Carmichael había propuesto que la marcha fuese totalmente negra, sin ningún blanco en la misma, pero King amenazó con retirarse en ese caso, y tal idea no fructificó.

También fue Carmichael quien, uno de aquellos días de marcha, le habló a Luther King del «Poder Negro».

—Martin —le dijo—, he iniciado el Poder Negro con la intención de implicarte en él.

Martin sonrió, y respondió que ya estaba habituado a que se le utilizara sin contar con su consentimiento.

Ha habido muchas dudas acerca del movimiento del «Poder Negro», pero fue el propio Luther King quien lo expresó como sigue:

Mientras íbamos por aquella carretera sinuosa, se habló mucho y se plantearon muchas preguntas.

138

Con el presidente Johnson, quien firmó la Ley de los Derechos Civiles.

«*Ya estoy harto de esta historia de la no violencia*», *proclamó un joven activista.*

«*Si uno de esos blancos desharrapados se mete conmigo, lo mataré a golpes*», *añadió otro.*

Luego comenzó una discusión acerca de la participación en la marcha.

«*Debe ser una marcha exclusivamente negra*», *propuso alguien.*

«*No necesitamos que ningún falso amigo —indicó otro—, de esos blancos sedicentes liberales, entren en nuestro movimiento. Esta es nuestra marcha.*»

A mediodía nos detuvimos a entonar el Nosotros venceremos, *cuyas estrofas sonaron con la primitiva profundidad y la fuerza callada que lo han hecho tan famoso. Mas al llegar a la estrofa que habla de «blancos y negros juntos», enmudecieron las voces de diversos participantes.*

Y cuando más tarde les pregunté por qué no habían querido cantar aquellos versos, la respuesta fue:

«*Ahora son ya otros tiempos. No cantaremos más esa frase. Por lo demás, pensamos que toda la canción ya ha sido superada. No se trata de "Nosotros venceremos", sino de "Nosotros los derribaremos".*»

Al oír tal respuesta, las palabras resonaron en mis oídos como la música exótica de un país ignoto para mí. No estaba acostumbrado a tal tono de amargura. Sin embargo, tal vez no debería haberme sorprendido. A estas alturas, ya hubiese debido saber que en un ambiente donde las falsas promesas son el pan nuestro de cada día, y los sueños más quiméricos el pan nuestro de cada noche, en que los ataques violentos e impunes contra los negros son constantes, la no violencia acabaría por parecer inútil y pueril.

Debería saber que el desengaño engendra dudas, que las dudas engendran amarguras, y que si existe un rasgo que sea típico de la amargura es su ceguera. La amargura no sabe distinguir entre una u otra circunstancia. Cuando algunos miembros de los grupos que organizan la marcha son racistas en su conducta y actitud, la amargura se extiende a todos los participantes.

Los primeros días de la marcha volvíamos al final de cada etapa a Memphis, pasando la noche en un motel para negros ya que todavía no habían llegado las tiendas de campaña que después nos servirían de campamento provisional todas las noches.

En el motel se reanudó la discusión. Decidí hablar a mis hermanos una vez más, rogándoles que siguiesen fieles a los principios fundamentales del Movimiento. Así, comencé una defensa de la no violencia activa. A esto contestaron algunos de nuestros amigos de los Apóstoles de la Autodefensa, que la defensa propia en caso de necesidad es una obligación y, por consiguiente, la no violencia puede ser considerada una condición previa para no tomar parte en la marcha. Otros activistas sostenían idéntica postura.

Traté de hacerles comprender que, independientemente de mi postura personal no violenta, la violencia era en este caso específico, en Mississippi, el camino más directo hacia el fracaso, en caso de que algunos de nosotros, por desconocer la situación exacta, se enzarzaran en pendencias durante la marcha.

No estábamos preparados ni conocíamos la estrategia más idónea. Por otra parte, nada alegraría tanto a muchos blancos de Mississippi, comenzando por los miembros del Gobierno, como los actos de violencia que pudiéramos cometer, los cuales les ser-

141

virían de pretexto para exterminar a multitud de negros, durante y después de la marcha.

Finalmente proseguí la discusión sobre que la defensa propia sobra, porque nadie ha negado que un negro, por el hecho de serlo, no tenga derecho a defenderse de un ataque. El problema no radica en si hay que usar un revólver cuando alguien asalta nuestro hogar, sino si es tácticamente adecuado usarlo al participar en una marcha organizada. Si arriáis la bandera de la no violencia, no quedará ya tan evidente la injusticia que reina en Mississippi, ni tan claro el problema moral que comporta.

Las discusiones y debates se prolongaron varios días más, pero normalmente pasaban a segundo plano ante el entusiasmo con que nos recibían las gentes al atravesar cada población. Llevábamos ya diez días de marcha y cruzábamos Grenada, camino de Greenwood. Stokely no disimulaba su impaciencia por llegar a esta última población. Esta ciudad era feudo del SNCC, o sea que allí se había movido mucho esta organización durante el verano de 1964.

Al aproximarnos, salieron a recibirnos una gran cantidad de amigos antiguos y nuevos. Ante la enorme muchedumbre que se reunió por la noche en un parque, subió Stokely a la tribuna para hablar.

Tras ridiculizar duramente a la pretendida justicia de Mississippi, anunció:

—Lo que necesitamos es el Black Power (Poder Negro).

Willie Rickers, el apasionado orador del SNCC, saltó a la tribuna y dijo:

—Y vosotros... ¿qué queréis?

Los gritos fueron subiendo de tono, hasta alcanzar un verdadero pandemónium.

Así nació en Greenwood el nombre de Black Power *para el movimiento en favor de los derechos civiles de los negros. Antes, Richard Wright y algunos otros habían usado esta misma expresión, pero hasta ese día nunca como eslogan del movimiento pro derechos civiles negros. Los hombres que tanto habían padecido la humillación del poder blanco en los siglos pasados, que habían oído repetidas veces que el negro es un ser inferior, lo acogieron alborozados entusiásticamente.*

También Stokely Carmichael explicó lo ocurrido y el acuñamiento del término «Poder Negro», del modo siguiente:

Hemos de empezar señalando el hecho básico de que los negros norteamericanos tienen dos problemas: por un lado, son pobres, por el otro, son negros.

Y todos los demás problemas proceden de esta doble realidad: la falta de educación, la aparente apatía negra. Todo programa para exterminar el racismo debe hacerse cargo de esa doble problemática.

En ese caso, resulta imprescindible para los negros el poder político, o sea la posibilidad de asumir las decisiones que a ellos competen. El derecho al voto tenía, desde esta perspectiva un valor incalculable, y el SNCC trabajó de forma incansable en esa dirección a lo largo de tres largos años en Atlanta, en Mississippi, en Alabama. En este último Estado, la experiencia fue decisiva.

En efecto, allí fue posible observar cómo los negros se organizaban sobre la base de un partido independiente. Una ley insólita de Alabama establece que cualquier grupo de ciudadanos puede designar candidatos a la oficina del condado y si obtiene el veinte por ciento de votos puede ser reconocido como un partido político del condado. Esto mismo se aplica a nivel estatal.

El SNCC se empeñó en una tarea organizativa en varios condados como Lawndes, donde los negros, que constituyen el ochenta por ciento de la población total y cuyo ingreso promedio anual es de novecientos cuarenta y tres dólares, sintieron que no lograrían nada dentro del marco del Partido Democrático de Alabama precisamente a causa del racismo y porque el ingreso cualificante para las elecciones de este año se había elevado a quinientos dólares para evitar que los negros participasen. El 3 de mayo, cinco nuevas organizaciones de la libertad en el condado se unieron y nombraron candidatos a los puestos de sheriff, asesor de impuestos y miembros de las juntas escolares.

Y de ahí se pasó a la petición del Poder Negro en la marcha de Meredith. Esta es la experiencia histórica específica que motivó el pasado mes de julio —en la marcha sobre Mississippi— la convocatoria del SNCC para el Poder Negro. Mas la idea de ese Poder Negro no es un fenómeno aislado ni reciente, pues realmente surgió del fermento de agitación y actividad llevado a cabo a través de los años, en muchas comunidades negras, por diferentes individuos y organizaciones. Nuestro último año de trabajo en Alabama nos añadió una nueva posibilidad concreta.

¿Y qué es el Poder Negro? Bien, en el condado de Lawndes, por ejemplo, el Poder Negro significa que si se elige a un negro como sheriff, *éste puede terminar con la brutalidad policíaca. Si se elige a un negro como asesor de impuestos, puede reunir y encauzar fondos para la construcción de mejores caminos y escuelas que le sirvan a la población negra;*

y de este modo se consigue un desplazamiento del poder político hacia el terreno económico.

Esto es lo que buscan: control.

Donde los negros no son mayoría, el Poder Negro significa una representación adecuada y una participación en el control.

Asimismo, significa la creación de bases de poder desde las cuales los negros pueden trabajar en la transformación de los esquemas estatales o nacionales de opresión, a través de las presiones de la fuerza, que sustituyen a los alegatos de la flaqueza.

Políticamente, el Poder Negro significa lo que siempre ha significado para el SNCC: la agrupación de los negros para elegir representantes y obligar a esos representantes a convertirse en los portavoces de sus necesidades. No quiere decir solamente situar rostros negros en las legislaturas.

Nosotros seguimos pensando, sencillamente, como siempre, que la jefatura del Comité Coordinador de Estudiantes no violentos debe ser negra. Hemos llegado a la conclusión de que los negros resultan ser los organizadores más adecuados para las comunidades negras del Sur, porque con su mera presencia ya les descubren a éstas que los negros pueden hacer algo por sí mismos, y esto libera en aquéllas la energía y la creatividad que son indispensables para que cambien.

Pero necesitamos y agradecemos el apoyo de todos, blancos y negros, del Norte y del Sur...

La tensión había alcanzado tan alto grado, que Malcolm X se había atrevido a decir:

No soy demócrata, no soy republicano y ni siquiera me considero norteamericano... Bueno, yo no creo

145

en eso de engañarse uno a sí mismo.. No me voy a sentar a tu mesa con el plato vacío para verte comer y decir que soy un comensal. Si yo no pruebo lo que hay en tu plato, sentarme a la mesa no hará de mí un comensal. Estar en los Estados Unidos no nos hace norteamericanos. Porque si el nacimiento nos hiciera norteamericanos, no se necesitaría ninguna enmienda a la Constitución, no habría que hacerle frente al entorpecimiento de los derechos civiles, ahora mismo en Washington. No hay que promulgar leyes de derechos civiles para hacer norteamericano a un polaco.

No, no soy norteamericano. Soy uno entre los veintidós millones de negros víctimas del norteamericanismo. Uno entre los veintidós millones de negros, víctimas de la democracia, que no es más que hipocresía enmascarada. Así es que no estoy aquí hablándoles como norteamericano, ni como patriota, ni como el que saluda a la bandera; no, yo no. Yo estoy hablando como víctima de este sistema norteamericano. Y veo a los Estados Unidos de Norteamérica con los ojos de la víctima. No veo ningún sueño norteamericano, veo una pesadilla norteamericana.

Por su parte, el propio King manifestaba:

... Ser negro en Norteamérica es sentirse confinado en los ghettos y en las reservas. Ser uno más en la muchedumbre de los apaleados, de los golpeados, de los atemorizados y de los vencidos. Ser negro en Norteamérica significa tener que luchar a brazo partido por una supervivencia física, en medio de la más difícil agonía psicológica. Significa ver crecer a los hijos con la nube mental de la inferioridad oscure-

146

ciendo el cielo de sus espíritus. Significa que te condenen por cojo, después de haberte amputado las dos piernas. Significa que te condenen por huérfano después de haber aplastado a tu padre y a tu madre con la explotación de cada día. Significa sentirse totalmente atacado por el veneno de la amargura, pues no eres nadie y este sentimiento será tu tormento durante el día y tu vergüenza en el silencio de la noche. Ser negro en Norteamérica significa el dolor de sentir cómo el mal y la angustia matan todas las esperanzas antes de nacer.

CAPÍTULO XXII

LA MARCHA A WASHINGTON

Tras la marcha a Mississippi, se puso en evidencia la desunión reinante ya entre las masa negras. El giro hacia la izquierda dado por el Comité Coordinador de Estudiantes no violentos, también arrastró al CORE, dirigido por Floy McKissing.

Luther King consiguió mantenerse neutral entre las dos tendencias, la izquierdista y la conservadora, que era la Asociación Nacional para el Progreso de la Gente de Color. Para King, la marcha de Mississippi había sido muy aleccionadora, debido a la desunión reinante entre sus manifestantes, a la hora de firmar el manifiesto, que en líneas generales expresa:

> *Esta marcha pretende ser una acusación general pública, y una protesta contra el fracaso de la sociedad norteamericana, el Gobierno de los Estados Unidos y concretamente el Estado de Mississippi, sobre la satisfacción de los derechos civiles de los negros.*

La crisis de 1967

Aquel año que fue el de la escalada en la guerra del Vietnam, también fue el de las desuniones entre las masa negras, lo que precipitó la tremenda crisis. Sin embargo, dicho año fue clave en el movimiento negro, así como para Estados Unidos.

Las cifras son muy elocuentes, tanto respecto a las bajas sufridas por los negros en las distintas manifestaciones en favor de sus derechos, con ciento treinta muertos y numerosos heridos, como a las del Vietnam, donde también luchaban entre los cuatrocientos mil soldados estadounidenses unos cincuenta mil negros.

En una conferencia pronunciada en Nueva York el día 29 de agosto de 1967, Ralph Brown, que fue el sucesor de Stokely Carmichael en la presidencia del Comité Coordinador de Estudiantes por la no violencia, afirmó:

> *Vietnam es significativo para los negros porque allí hay guerra de genocidios. Es una guerra de genocidio contra el pueblo vietnamita y también una guerra de genocidio contra el pueblo negro.*

Por otro lado, en Norteamérica, al lado de la más opulenta riqueza, cohabitaba la más horrorosa de las miserias. Se celebró una manifestación masiva contra la guerra vietnamita, a la que se sumó Luther King, pese a las presiones en contra de negros y blancos más moderados, que veían en su acción un peligro, de acuerdo con el Poder Negro.

Sin hacer caso de estos consejos y presiones, Luther King fue a Nueva York, para tomar parte en la manifestación monstruo.

No era la primera vez que hablaba en favor de la paz, y en contra de la guerra de Vietnam, pues ya en 1965 se había pronunciado taxativamente al respecto.

Asimismo, el día 19 de enero de 1967, tras larga y grave deliberación, dijo en una conferencia celebrada en Los Angeles:

150

Su aspecto de hombre de paz no impidió que fuese el objeto de una bala asesina.

151

Las promesas de la Gran Sociedad han sido des-
truidas en los campos de batalla de Vietnam. La con-
tinuación de esta guerra que cada día se extiende
más, ha reducido los programas trazados con vistas
al bienestar del país, pesando ante todo sobre las
espaldas de los pobres, tanto blancos como negros.
Se calcula que gastamos trescientos veintidós mil
dólares por cada enemigo muerto, mientras en la
denominada guerra contra la pobreza americana, se
gastan treinta y cinco por cada persona considerada
pobre e indigente.

Es preciso, pues, combinar el fervor en pro del
movimiento para los derechos civiles, con el fervor
en pro de la paz.

En Nueva York estaba también Stokely Carmichael, y los
dos dirigentes negros se abrazaron estrechamente. ¿Acaso
Luther King estaba dispuesto a alterar sus puntos de vista
acerca de la no violencia, en vista del curso de los acontecimientos? He aquí una incógnita que ya nunca podrá ser des-
pejada.

Aquella magna manifestación llegó a la sede de las
Naciones Unidas, y Martin Luther King entregó una nota al
subsecretario general, evidenciando su rechazo por la guerra
de Vietnam, que tildaba de injusta, ilegal e inmoral.

Aquel verano se desencadenó la violencia en Norteamérica,
como protesta por aquella infausta guerra. Y naturalmente,
también estalló la violencia contra los negros.

En los primeros días del verano, muchas ciudades vieron
sus calles asoladas, e incendiados los edificios. La policía,
como de costumbre, cargaba contra los negros, que quedaban tendidos en la calle en número considerable. Pero los
sucesos más atroces tuvieron como escenario dos ciudades:
Newark y Detroit.

Newark

En esta ciudad, un conductor negro fue apaleado públicamente por un policía blanco. Circuló la noticia de su muerte,
lo que no era cierto, y los negros salieron violentamente a la
calle para vengarle. Esto se tradujo en una verdadera batalla,
y durante todo el mes de junio se sucedieron las peleas en
aquella ciudad suburbana de Nueva York. El balance de la
tragedia fue el siguiente:

Muertos: 22
Heridos: 1.500
Detenidos: 2.000

La guerra, que tal era, se propagó a otras ciudades, con un
muerto en Chicago, dos en Rochester y tres en Manhattan.

Detroit

La culminación de las protestas negras de aquel verano
tuvo lugar en Detroit, donde en la segunda semana de junio
hubo uno de los mayores estallidos de violencia registrados
en Estados Unidos.

Detroit es la quinta ciudad de Norteamérica, y aquella
semana toda su actividad industrial estuvo paralizada, cerrando
también los restaurantes y otros comercios.

La huelga se inició con la muerte de dos negros, como de
rigor, a manos de la policía. Dos días más tarde, a raíz de la
reacción de los negros, la ciudad fue declarada en «estado de
emergencia». La gente no se atrevía a circular por las calles,
so pena de ser objeto de un ataque por parte de uno de los
dos bandos. Hubo saqueos y pillaje a alto nivel, y la policía
se mostró arbitraria en el más elevado grado. La emergencia
duró veintitrés días sin descanso.

Y el balance de los sucesos fue el siguiente:

Muertos: 41 (negros y blancos)
Heridos: 4.000
Detenidos: 5.000
Incendios: 1.400

Finalmente, fue preciso poner fin a tanta violencia con la ayuda de un servicio de helicópteros y paracaidistas del Ejército Federal, junto con siete mil trescientos soldados.

El presidente Johnson, honestamente inquieto, nombró una comisión que investigase aquellos disturbios y una vez finalizados los mismos, declaró públicamente:

> *Ninguna sociedad puede tolerar la violencia generalizada, como ningún organismo vivo puede tolerar una enfermedad total. Norteamérica no está dispuesta a tolerar más la violencia.*

La ruptura

Lo ocurrido en Detroit fue la causa de una nueva desunión entre los distintos movimientos negros y sus dirigentes respectivos.

El Comité Coordinador de los Estudiantes, con Carmichael y Brown al frente, manifestaron su plena adhesión a los revoltosos, mientras que Luther King, apartándose ya del Poder Negro, condenó los sucesos de Detroit en términos muy duros. El comunicado conjunto de King y la NAACP, decía:

> *Los homicidios, los incendios, el pillaje, son acciones criminales y han de ser castigados como tales. Estamos seguros de que la inmensa mayoría de la*

154

comunidad negra comparte nuestra oposición a esta
violencia callejera.

Pero dos semanas más tarde, la Conferencia Nacional del Poder Negro se celebró por primera vez, y allí se puso de manifiesto que la violencia era su motor de impulsión, en contra de la no violencia preconizada por el doctor King.

En realidad, el verdadero problema era el de la explotación de los negros: el blanco norteamericano es un opresor que emplea como medio el capitalismo. Y el enemigo, por lo tanto, es éste y, a su vez, toda la potente sociedad de consumo.

Y la miseria, el hambre, la desolación hacían presa en las capas más pobres de la sociedad norteamericana, agravado todo ello por el coste que representaba la guerra del Vietnam.

El senador Robert Kennedy, que también no tardaría en morir a manos de un asesino, declaró:

> *La violencia es ilegal, pero ella sirve para recordarnos que millones de norteamericanos no gozan de las mismas oportunidades ni de libertad. Y nos hace recordar nuestros fallos al no ofrecer tales oportunidades a los negros y a los indios, incluso a los naturales de Puerto Rico, y asimismo, nos hace recordar que las promesas de Estados Unidos siguen sin cumplirse.*

Aquel año de 1967 no fue, pese a todo, un año excesivamente comprometido para Martin Luther King, a pesar de estar siempre ocupado por sus muchas obligaciones como dirigente del movimiento negro.

Por otra parte, el doctor King había visto vacilar sus convicciones respecto a la no violencia.

Gandhi había muerto por defenderla.

¿Acaso tendría él el mismo fin?

No le asustaba la muerte, como había declarado en multitud de ocasiones, pero sí hubiese deseado continuar la lucha por los derechos negros hasta lograr una victoria final.

Y de repente, el 12 de febrero del nuevo año, 1968, los barrenderos negros de Memphis declararon la huelga. El alcalde la declaró, por su parte, ilegal, y a partir de este instante el asunto empezó a complicarse.

Hubo, como siempre, numerosos heridos, murió un hombre de color, y los desórdenes estuvieron a la orden del día durante una semana entera.

Martin Luther King veía planear de nuevo la violencia sin paliativos a su alrededor.

Y sabía que una gran muchedumbre negra, en toda la nación, se hallaba en favor de aquellos alborotos callejeros, creyendo que sólo de esta manera podían atraer la atención de las autoridades hacia sus problemas, raciales y laborales.

El año 1968, pues, empezaba bajo oscuros auspicios, tanto para la comunidad negra como para el doctor King en particular, a pesar de que ignoraba que aquel año sería el último de su vida.

CAPÍTULO XXIII
EL TRÁGICO FINAL

Tras estos acontecimientos, narra Coretta King en sus *Memorias:*

> *Martin volvió a casa, explicando que habían decidido efectuar la marcha sobre Memphis. Las reuniones de la Junta empezarían el día 3 de abril y la marcha se celebraría el 8.*
>
> *La noche del 30 de marzo, Martin se marchó a Washington porque el doctor Francis Sayre le había invitado a predicar en la Catedral Nacional de la capital federal el domingo por la mañana.*
>
> *Dicen que en dicha catedral no había habido nunca tanta gente como aquella mañana, con más de mil personas. Martin dijo que antes de poder considerar logrados los objetivos del movimiento negro era preciso destruir el último vestigio de la injusticia racial. También añadió que el Decreto de Emancipación había sido como la decisión de un tribunal cuando libera al hombre que ha pasado en la cárcel la mayor parte de su vida.*
>
> *Explicó a la congregación que la Campaña en pro de la gente pobre no era sólo un gesto dramático sino la exigencia de una compensación que se les debía a los negros desde muchos años atrás.*

Y finalmente, aseguró una y otra vez que la mani-
festación a celebrar en Memphis sería ordenada y
carente absolutamente de violencia.

Regresó a casa aquel domingo por la noche.
Escuchamos juntos el famoso discurso del presidente
Johnson, en el que declaró que renunciaba a presen-
tarse de nuevo a la presidencia, y pidió que se inicia-
sen negociaciones para terminar la guerra del Vietnam.

Nos sorprendimos como casi toda la nación, y pen-
samos que esto podía aproximarnos más a una paz
mundial efectiva.

Al día siguiente, 1.° de abril, Martin estuvo muy
ocupado con los preparativos de la marcha a Memphis.

El martes se reunió con los miembros de la junta
del SCLC y tras estar un rato con los pequeños, des-
cansó, pues el miércoles por la mañana debía tomar
a las siete el avión para Memphis.

En Memphis

Ralph Abernathy vino en busca de Martin.
Acompañé a Martin a la puerta, después de que él y
Ralph se negasen a desayunar, y le besé, deseándole
mucha suerte. Los niños dormían aún, por lo que no
pudieron despedirse de su padre.

En Memphis ya lo habían criticado por alojarse
en el Holiday Inn, hotel considerado excesivamente
«distinguido».

Pero la Junta opinaba que allí estaría más seguro,
puesto que estaba bastante lejos del punto donde
debía celebrarse la manifestación.

Pero Martin, muy sensible a toda crítica, reservó
habitaciones en el hotel Lorraine de la calle Mulberry,
establecimiento cuyos propietarios eran negros así

como el personal, y estaba próximo al templo
Clayborn, donde solían iniciarse las marchas.
Martin, según lo prometido, me llamó por la noche.
Dijo que todo iba bien. Bayard Rustin se había encar-
gado de llevar una gran cantidad de personas de
otras localidades a Memphis, pero el alcalde Loeb
había conseguido un requerimiento federal contra
los manifestantes «no residentes en Memphis».
Pese a lo cual, Martin me aseguró que el lunes
dirigiría la marcha.
Terminó diciendo:
—Volveré a llamarte mañana por la noche.

Las últimas palabras del doctor King

A pesar de todas las previsiones, a pesar de todos los pre-parativos, y a pesar de la animación de que daba muestras Martin Luther King aquel día 5 de abril, el gran defensor de los derechos civiles de los negros, el gran promotor de la no violencia, el Premio Nobel de la Paz, no pudo dirigir la proyectada marcha sobre Memphis.

En efecto, aquel día 5 de abril, estando Luther King en el hotel Lorraine, junto con los reverendos Young y Jackson, charlando los tres ante sendos vasos de cerveza, se le acercó Salomon Jones, que servía como chófer de King, y le dijo:

—Doctor King ¿sabe que hace mucho frío esta noche? Por favor, póngase el abrigo.

—Sí, me lo pondré —asintió el doctor King, y mirando a Jessie Jackson, agregó—: Realmente, hace mucho fresco, Jessie. Fíjate qué cielo tan oscuro... ¿Sabes, Jessie, que...?

Estas fueron sus últimas palabras. De pronto sonó un disparo y King, que estaba apoyado en la balaustrada, perdió el equilibrio...

—¡Martin, Martin...! ¿Me oyes? —gritó asustado Jackson.

159

Pero Martin Luther King no podía oírle porque una bala acababa de entrar en su cuerpo entre el cuello y la mandíbula derecha. El disparo, a imitación del que acabó con la vida del presidente Kennedy, partió de una ventana de la pensión de Bessie Brower, situada frente al hotel Lorraine. Eran las seis y seis minutos de la tarde.

Rápidamente llegó una ambulancia. Metieron al herido dentro de la ambulancia y ésta partió immediatamente, en dirección al servicio de urgencia del hospital de San José.

El vehículo corría a toda velocidad, ululando su sirena, mientras, en el interior del coche, el cuerpo de Luther King yacía expirante y perdiendo la vida por el terrible boquete de la herida.

Los ojos de Martin Luther King seguían abiertos y en su semblante se esbozaba una sonrisa.

A las seis y veinte, Luther King ingresaba en el servicio de urgencias del hospital San José, y a las siete era declarado oficialmente cadáver.

La noticia de la muerte corrió como reguero de pólvora por toda Norteamérica. Y toda la América de color se estremeció.

Pocas veces, un disparo ha tenido un eco más amplio, más dramático. Para los negros, quien había acabado con su apóstol no era un hombre americano, era todo un pueblo. No era, como se apresuró a divulgar el Gobierno, un loco, sino toda una raza, la blanca, quien había terminado con él. Y, por ello, la iracunda reacción cayó sobre cualquier blanco que se pusiera a su alcance, y los moderados del Norte pagaron lo mismo que los segregacionistas del Sur. Como veremos, la violencia se propagó como una llamarada por diversas ciudades, especialmente en Washington, tanto por su condición de ciudad-frontera racial (los negros superan en número a los blancos en el casco urbano), como por ser la sede del gobierno

160

En sus funerales se escucharon sus palabras grabadas: «Si puedo ayudar a alguien, no habré vivido en vano.»

federal, al que había que mostrar, clara y duramente, la irritacón de una raza amputada del mejor de sus hijos.

Washington se convirtió en escenario de asaltos, incendios y disturbios callejeros, hasta el punto que, en contra de una larga tradición de protección ciudadana, se proclamó el toque de queda y el Ejército salió a la calle, patrullando con la bayoneta calada. Aun así el poder actuó con infinita precaución ocultando la cara cuando tras la destrucción empezó el saqueo. En cierto modo, todos los blancos sentían remordimiento y vergüenza ante el hecho de que uno de los suyos hubiera cometido el crimen. Tras unos días infernales, las llamas podían verse desde kilómetros antes de llegar a Washington; el balance de los disturbios en la capital federal fue de diez muertos, más de mil heridos, 7.500 detenidos y más de mil incendios.

CAPÍTULO XXIV

EL ASESINO

Lo único que se ha sabido acerca del asesino que puso fin a la vida de Luther King, es que un desconocido llegó a la pensión Brower a las tres cuarenta y cinco de aquella tarde. Según la descripción dada por el personal de la pensión, era un tipo alto y delgado, de aspecto distinguido, blanco, naturalmente. Hablaba con acento del Sur, y dijo llamarse John Williard, nombre falso a todas luces.

Por lo que dijo la dueña de la pensión, la señora Brower, el hombre parecía «todo un señor». En aquella pensión, normalmente se refugiaban, por cinco dólares a la semana, borrachos, vagabundos y drogadictos.

Sin embargo, aquella tarde del 4 de abril quien había llamado a la puerta de la pensión era otro tipo de hombre.

Cuando la señora Brower le acompañó a la habitación número 8, lo primero que hizo el hombre fue dirigirse a la ventana. Posiblemente, lo que mirase fuera la situación del hotel Lorraine, donde debía alojarse Martin Luther King. Entonces le espetó a la mujer que deseaba una habitación que estuviera orientada al Norte. La señora Brower, entonces, le asignó la habitación número 5. Y posteriormente le mostró el cuarto de baño, que se hallaba al final del corredor.

Precisamente, desde la ventana de aquel cuarto de baño se distinguía perfectamente el hotel Lorraine. Y el arbolado no estorbaba la visión como sucedía desde el dormitorio número 5.

El hotel Lorraine estaba debidamente vigilado por unos treinta policías, para proteger al doctor King, pero, lo mismo que en Dallas, nadie se había cuidado de vigilar las ventanas.

Y al cabo de un rato de haber ocupado aquella habitación de la pensión Brower, el hombre que había dicho llamarse John Williard, salió de la habitación y se metió en el cuarto de baño, llevando en su mano un estuche.

El jefe de la policía, Frank Holloman, sabía que la vida de Martin Luther King corría peligro. Sabía, también, que Memphis se halla rodeada por los tres Estados más racistas de Norteamérica: Arkansas, Mississippi y el mismo Tennessee, al cual pertenece Memphis.

Por tanto, Frank Holloman había mandado a treinta policías uniformados para que velaran por la vida del reverendo Martin Luther King. Por su parte, William Huston, a la sazón jefe del departamento criminal, envió una docena de detectives.

Pero a ninguno de los cuarenta y dos hombres se le ocurrió mirar las ventanas de los edificios que rodeaban el hotel. De haberlo hecho, posiblemente hubieran visto el cañón de un rifle «Remington», del calibre 30, asomando por el alféizar de una ventana.

Inmediatamente después de disparar, el asesino salió a la calle con toda tranquilidad y se dirigió, según algunos testigos, a un «Mustang» blanco. Poco antes de llegar al automóvil, un maletín que llevaba conteniendo el arma fatal se le cayó al suelo, pero él no volvió la vista atrás.

Cuando más tarde se examinaron los hechos que habían culminado con el atentado, se fueron acumulando los detalles y las observaciones.

A todo el mundo le parecía inexplicable que la acción se hubiera podido llevar a cabo con tanta sencillez y perfección y, sobre todo, sin que ninguna de las cuarenta y dos personas de seguridad se hubieran dado cuenta de nada.

Así, cuando llegó la policía a la pensión Brower, el hombre que había dicho llamarse John Williard se encontraba ya, con toda probabilidad, a más de treinta kilómetros de distancia del sitio en donde había perpetrado el asesinato.

Una vez se hubieron reunido los datos suficientes sobre el asesino, se compuso un retrato robot, y todo el aparato policial se puso en movimiento. Pero habían transcurrido ya unas veinte horas del asesinato, tiempo más que sobrado para que el asesino se encontrara ya en la otra punta del planeta.

El fiscal Ramsey Clark se trasladó rápidamente a Memphis, tan pronto conoció la noticia del atentado. A las preguntas de la prensa, contestó diciendo que hasta el momento no se había descubierto nada que pusiera en contradicción la teoría de un solo asesino, aunque reconoció que el atentado había sido organizado con un estilo claramente profesional, disponiendo de unas circunstancias acertadamente elegidas de antemano para facilitar y conseguir la fuga.

Pronto empezó a correr la voz de que no era un solo coche el que se había utilizado para colaborar en la huida del asesino, sino dos, ambos de la misma marca y color, para desorientar a la policía.

Posteriormente, se indicó que la policía estaba colocando barreras de control en las carreteras alrededor de la ciudad cuando a las 18:35 —el crimen se cometió a las 18:06—, la estación de radio de la policía comunicó que un coche «Ford Mustang», blanco, se dirigía hacia el Norte perseguido por el coche patrulla número 160 y por un Pontiac de color azul.

A las 18:47 de la tarde del día 4 de abril, la estación de radio de la policía anunciaba que el individuo que conducía el «Ford Mustang» había abierto fuego contra el «Pontiac».

Más tarde, contradiciendo las anteriores informaciones, un periódico de Memphis publicó las palabras del teniente de policía Bradshaw, que era quien conducía el coche patrulla número 160. El teniente Bradshaw afirmó que él no había visto ningún Ford Mustang de color blanco, y que, consiguientemente, no había perseguido a tal vehículo.

En resumen, la existencia de serias dudas sobre si los coches de la policía habían recibido informaciones falsas sobre la pista del asesino dejó por el momento sin aclarar los hechos ocurridos después del asesinato del reverendo King.

Se averiguó que el autor del atentado pasó por la zona de Los Ángeles, y que el seudónimo John Williard correspondía en realidad a la identidad de un tal Eric Starvo Galt.

Por otro lado, la existencia de un supuesto hermano de Starvo Galt confundió más si cabe a la opinión pública.

Así fue como el portavoz del FBI dijo:

> *El FBI no ha detenido todavía a nadie que esté implicado en el asesinato de Martin Luther King.*

Por otro lado, una segunda fuente de información declaraba que el propio FBI estaba interrogando al supuesto hermano de Starvo Galto. Y que el resultado del interrogatorio fue que no se declaró culpable al hermano.

Sin embargo, se consiguió saber que Eric Starvo Galt había comprado, el 29 de marzo de aquel año, un rifle en una tienda de artículos deportivos, y lo llevó al supuesto hermano. Este le contestó, después de examinada el arma, que el «Remington 243» no era el más indicado. Así, el hombre regresó a la tienda y lo cambió por un «Remington 30», con visor telescópico.

A partir de entonces, se estableció la búsqueda de Eric Starvo Galt.

Pero al cabo de poco tiempo, se reidentificó a Eric Starvo Galt con otro criminal cuya personalidad correspondía a la de James Earl Ray. Y entonces la policía consideraba la posibilidad de que el asesino hubiera huido a México. Sin embargo, la policía de Scotland Yard, en colaboración con el FBI, detuvo en Londres al presunto asesino de Martin Luther King.

CAPÍTULO XXV

EL FUNERAL

El servicio funerario tuvo lugar el 9 de abril, en la iglesia baptista Ebenezer, donde aunque solamente cabían unas setecientas cincuenta personas, se reunieron ante ella más de ciento cincuenta mil. Era en aquella iglesia en la que Martin Luther King había sido bautizado, donde había crecido y donde había adquirido la fe religiosa que tan lejos le había llevado en defensa de sus hermanos de raza, por lo que fue más que natural que las honras fúnebres se celebraron en aquel lugar.

Millares de personas, blancas y negras, se apretujaban ante la puerta de la capilla ardiente en su afán de despedirse de aquel hombre que había pagado con su vida la voluntad de un entendimiento de todo el pueblo americano.

Hombres y mujeres, niños y niñas, de toda condición social, desfilaron silenciosamente ante el féretro.

En la capilla se encontraba, vestida de luto riguroso, Coretta King, la fiel compañera de Martin Luther King. También asistieron los cuatro hijos habidos en el matrimonio: Dexter, Yolanda, Martin y Alberto.

Entonces, por expresa voluntad de Coretta se hizo que se escuchara una grabación del propio Martin Luther King. Era el sermón que él mismo había pronunciado en aquella iglesia sobre su propia muerte:

169

Todos hemos pensado alguna vez en ello, y yo mismo he pensado muchas veces en mi propia muerte y en mi propio entierro.

Si cuando llegue mi día alguno de vosotros está presente aquí, deseo que sepa que no quiero una ceremonia larga. Y si confiáis la oración fúnebre a alguien, decidle que tampoco la alargue demasiado.

Naturalmente, también suelo preguntarme qué me gustaría que dijese el orador. Pues bien, no deseo que se mencione mi premio Nobel, porque carece de importancia. Ni que añada que poseo trescientos o cuatrocientos premios más, puesto que tampoco esto tiene importancia. Que no se diga dónde estudié.

Desearía, eso sí, que aquel día, alguien dijese: «Martin Luther King dio su vida en servicio de los demás.» Me gustaría que aquel día dijesen: «Martin Luther King quiso amar.» Quisiera que dijesen: «Luther King quiso ser justo en la cuestión de la paz.» Y me gustaría que pudiesen decir: «Quiso dar de comer a los hambrientos.» Y que pudiesen decir: «Siempre trató de vestir al desnudo.» Y me gustaría que aquel día alguien dijese: «Siempre intentó visitar a los presos...» Me gustaría que se dijese: «Intentó amar y servir a la Humanidad.»

Sí, si alguien quiere decir que era un poco atolondrado, lo era por la justicia, lo era por la paz, lo era por lo que no es justo. Y todo lo demás, que es superficial, carecerá de importancia.

No podré dejar bienes de fortuna. Detrás mío no podré dejar cosas bellas y lujosas. Pero sí dejaré una vida comprometida...

Eso es todo cuanto deseaba decir. Si puedo ayudar a alguien, si puedo alegrar a alguien con una pala-

Después de su muerte, su memoria era un impulso para quienes siguieron luchando como él quería.

*bra o una canción, si puedo demostrarle a alguien que
ha equivocado el camino, no habré vivido inútilmente.*

*Si puedo cumplir con mi deber como debe hacerlo
todo buen cristiano, si puedo llevar la salvación a
un mundo enfebrecido, si puedo propagar el mensaje
tal como lo predicó el divino Maestro, entonces no
habré vivido en vano.*

Después, el ataúd fue colocado sobre un carro tirado por
dos mulas simbolizando la pobreza en la que había vivido el
reverendo King y contra la que había luchado toda su vida
por el bien de los otros.

Entonces, una inmensa muchedumbre siguió al féretro,
emprendiendo el camino hacia el colegio de Morehouse,
donde Luther King había cursado sus estudios.

Allí, en una tarde calurosa, Benjamin Mays, presidente del
colegio, pronunció la homilía fúnebre. Luego, Mahalia Jackson
entonó la canción preferida de Martin Luther King.

Terminado aquel acto, el ataúd fue conducido de nuevo hasta
el coche fúnebre para que emprendiera el último tramo del
viaje, hasta un antiguo cementerio del sur de Atlanta. Y en el
cementerio en el que fue enterrado, se le colocó a descansar
bajo una lápida en la que simplemente se habían grabado, a
petición suya desde mucho tiempo atrás, estas palabras:

*Al fin soy libre
libre por fin
gracias Dios Todopoderoso
al fin soy libre*

Y otra vez había escrito:

*No hay fuerza más grande que el amor, porque
vence el odio, como el rayo de luz atraviesa las tinie-
blas. Odiadnos, os podemos amar,*

porque la promesa de Dios se llama amor a vos-
otros.
Golpeadnos, os amaremos.
A pesar de todo, creemos en el bien de vosotros.
Esquivadnos, os queremos amar.
Os queremos tentar a hacer el bien.
Reiros de nosotros, os hemos de amar.
Vemos en todo a Cristo en vosotros.

Por último, continuando la famosa Epístola ficticia de San Pablo, escribió:

Muchas personas se dan cuenta de la urgencia de desarraigar el mal de la segregacióm. Muchos negros dedicarán sus vidas a la causa de la libertad, y muchas personas blancas de buena voluntad y de robusta sensibilidad moral se atreverán a hablar en favor de la justicia. La honradez me impele a admitir que esta posición requiere una disposición al sufrimiento y al sacrificio. No desesperéis si os condenan y os persiguen por la justicia. Cuando dais testimonio por la verdad y la justicia, sois posible presa del escarnio. Frecuentemente os dirán que sois idealistas sin sentido práctico o radicales peligrosos. Puede ser que os digan comunistas y todo, sólo porque creéis en la hermandad entre los hombres. A veces os meterán en prisión. Si así fuera habéis de honrar la cárcel con vuestra presencia. Puede representar perder el puesto de trabajo o la consideración social dentro de vuestro grupo particular. Ni que la muerte física fuera el precio que algunos tuvieseis que pagar para libertar a vuestros hijos de la muerte psicológica, nada no sería más cristiano. No os preocupéis

173

por la persecución, cristianos americanos; habéis de
aceptarla si lucháis por un gran principio...

No puedo dejar de alabar a los que de vosotros
ya habéis resistido, sin abatiros, las amenazas y la
intimidación, las incomodidades y la impopularidad,
la detención y la violencia física...

Y un poeta siberiano dedicó a Luther King, como un epitafio:

Fue un negro, pero blanco como la nieve,
y pura fue su alma.
Fue muerto por blancos
de almas negras.
Al saberlo,
me golpeó la misma bala,
la bala le mató
pero a mí me parió de nuevo,
me parió como negro.

CAPÍTULO XXVI

DESPUÉS DE MARTIN LUTHER KING

Martin Luther King había sabido demostrar, ya desde el incidente de Montgomery protagonizado por Rosa Parks, ocurrido en 1955, que sin utilizar más armas que las que le proporcionaba el Evangelio, no sentía ningún miedo por la violencia física desencadenada contra su persona, ni por las palabras infamantes que le proferían, ni tan siquiera temía a la muerte, por defender la causa de sus hermanos de color.

Su actividad al servicio de la lucha por la integración racial se había manifestado a lo largo de su vida a través de protestas, marchas pacíficas, campañas y discursos, siempre rechazando el uso de la violencia.

Y aquel día 4 de abril había llegado a Memphis para encabezar una manifestación pacífica que se debía llevar a cabo el día 8. Pero, desgraciadamente, la bala de un asesino había segado su vida aquel mismo 4 de abril de 1968. La sangre que brotó de la herida de su garganta manchó —de forma simbólica— a toda la nación y causó la indignación de todo el mundo, tanto de las personas de color como de las de raza blanca.

Pero aquella misma tarde de abril, una vez conocida la noticia de la muerte de Luther King, largas filas de hombres silenciosos, empezaron a recorrer las calles desiertas de los blancos. Los negros habían salido de sus barrios.

Tal como ya hemos citado, para aquellos hombres, el asesinato no había sido obra de un único hombre. Para ellos, el asesinato del Premio Nobel de la Paz, del apóstol negro de la no-violencia, lo habían perpetrado los ciento ochenta millones de blancos norteamericanos.

Y entonces se desató la cólera de aquellas gentes de color. Martin Luther King les había sabido contener en vida. Pero, una vez muerto, el resentimiento contenido durante años y años hizo que los incendios de los edificios que fueron quemados se levantaran en densas humaredas en el aire a fin de rendir tributo al hombre que había dado su vida por la paz.

La no violencia había terminado con la muerte de Luther King. Había llegado la hora del «Poder negro».

Los negros, hasta entonces, conducidos por King, habían dado vivas muestras de paciencia. Pero con la muerte de su líder, la paciencia había llegado ya a su límite.

Entonces empezaron a tomar la palabra Robert Williams, el presidente del «Movimiento de Acción Revolucionaria»; Stokely Carmichael o su sucesor, Rap Brown, líder del SNICK. El *Black Power* entraba en acción y pretendía encauzar la acción directa contra el hombre blanco. Su consigna fue: «¡Mata al blanco!»

La CLCS, asociación dirigida hasta su muerte por Luther King, no era una organización de masas. Tenía como objetivo coordinar grupos y moverlos con finalidades previstas en el seno de otras comunidades de color.

La CLCS gozaba de gran preponderancia en quince estados del Sur. Y Rap Brown, el sucesor de Luther King, también era partidario de la no-violencia.

Y aunque se contabilizaban veinticuatro asociaciones negras, sólo un diez por ciento de los veintidós millones de hombres de color tomaban parte activa en alguna de ellas.

En Washington se incendiaron unos setecientos edificios. Los negros se habían desbandado tras el asesinato de King. La furia de los negros se había desatado. Los establecimientos comerciales fueron asaltados y destruidos por los incendiarios.

Y no sólo fue Washington. Sesenta y dos ciudades más se unieron a la protesta violenta.

Aquella represalia originó un total de unas siete mil quinientas personas detenidas. Y el número de heridos ascendió a unos mil quinientos. Por fortuna, hubo pocas muertes en relación con los incidentes que se produjeron.

Sólo en el Departamento de Bomberos de Baltimore se recibieron más de cien llamadas urgentes. Y en numerosos puntos la situación se podía considerar como un estado de guerrilla.

En las ciudades, los blancos racistas, los miembros del Ku-Klux-Klan y los grupos antinegros permanecían atemorizados por el cariz que habían tomado los acontecimientos. Y, en resumen, toda la Norteamérica blanca se inmovilizó por el pánico.

En Baltimore murieron cinco personas después de una noche sangrienta. Y se hizo necesario enviar a la ciudad unos seis mil policías nacionales. A petición del gobernador de Baltimore, la Casa Blanca tuvo que prestar la ayuda de unos dos mil soldados del Ejército para contener la ola de violencia que se había adueñado de la ciudad. Y no fue fácil detener la ola destructiva de las fuerzas del «Poder Negro», que se habían adueñado de las ciudades. De alguna forma, puede decirse que se declaró la guerra a los americanos blancos.

Pero la violencia fue decreciendo al cabo de unos cinco días del asesinato de Martin Luther King. Poco a poco, la tranquilidad iba recobrándose en las ciudades que habían sido los puntos más violentos de la ira de los negros.

Las pérdidas materiales que se contabilizaron solamente en Washington ascendieron a unos trece millones de dólares, casi mil millones de pesetas.

Pero, al menos, sirvió para algo. Ciertamente, el impacto causado por la muerte de Martin Luther King, así como los disturbios que siguieron a este triste acontecimiento, hicieron despertar a la comunidad blanca de su letargo y empezó a tomar conciencia de la realidad de que los blancos no cumplían sus promesas a los negros más que teóricamente. No obstante, el espíritu racista se hallaba tan impregnado en el hombre blanco norteamericano, que muy difícilmente podía olvidarse de él.

Sin embargo, el equilibrio de fuerzas que hasta entonces había supuesto la personalidad de Martin Luther King entre los dos mundos negros contrapuestos —los partidarios de la no-violencia y los partidarios de la violencia— había quedado roto con su muerte, y a partir de aquélla iba a favorecer a los nacionalistas negros partidarios de la violencia.

Así, de la misma forma que los racistas blancos habían amenazado en muchísimas ocasiones de muerte al reverendo Luther King, y finalmente habían llevado a cabo su propósito, también los racistas negros habían prometido que quemarían las casas de los blancos, y así lo hicieron.

Por lo tanto, el intento de Martin Luther King para alcanzar una vía intermedia entre la intolerancia de la comunidad blanca y las justas exigencias inaplazables de la comunidad negra, pareció quedar sin continuidad con la muerte del reverendo.

La vuelta al sosiego aparente no engañaba a nadie respecto a diversas continuidades de violencias. La tranquilidad que empezó a reinar cinco días después de la muerte de King, sólo se presentía como un paréntesis de una terrible tragedia que sólo sería interrumpida por los funerales que se estaban preparando en honor del líder de las reivindicaciones de los negros.

Entonces, mientras las tropas del Ejército seguían patrullando por las calles de Washington, la Cámara llevó a cabo la primera medida en favor de las gentes de raza negra, sometiendo a votación el proyecto de prohibición de la discriminación racial en la venta o alquiler de viviendas.

Ya no era posible dejar de lado por más tiempo aquel proyecto.

Y Norteamérica declaró un día de «luto nacional» con motivo de la vida segada del reverendo Martin Luther King en favor de la coexistencia pacífica entre negros y blancos.

En la ciudad de Nueva York se celebró una ceremonia y una manifestación en las cuales participaron representantes de todas las confesiones cristianas, en un homenaje que se celebró en Central Park. De Harlem partió una manifestación, encabezada por el alcalde de la ciudad y el gobernador del Estado. Al iniciarse la manifestación, se contabilizaron unas diez mil personas, pero al concentrarse en Central Park, el número había se había doblado.

En Washington, el senador Robert Kennedy, se personó, con su esposa, a la iglesia baptista de New Bethel, en la cual dirigió unas palabras de homenaje a la memoria de Martin Luther King.

Kennedy, que había recogido la antorcha dejada por su hermano al morir, se presentaba a las elecciones para presidente y en su programa ofrecía la solidaridad con la raza negra y con las clases más necesitadas de Estados Unidos. Por desgracia, Robert Kennedy, al igual que su hermano, moriría asesinado en plena campaña electoral.

Y el asesinato de Martin Luther King, de la misma manera que cinco años antes se había asesinato al presidente Kennedy, fueron obra de poderes ocultos, que nunca interesaron que fueran aclarados.

La viuda de Luther King, Loretta, siguió con intrepidez la estela marcada por su esposo.

CRONOLOGÍA

1929 — Martin Luther King nace el 15 de enero en Atlanta, Estado de Georgia.

— En ese mismo año se produce el gran crack en la Bolsa de Estados Unidos, con repercusiones mundiales, incluyendo varios suicidios de magnates de las finanzas.

1930 — Fard, un negro, funda un templo en Detroit, con una secta llamada «Nación del Islam», logrando muchos prosélitos.

1931 — Gandhi toma parte en la segunda conferencia de la Mesa Redonda, de Londres.

1934 — Elijah Muhamad, discípulo de Fard, funda los «Musulmanes Negros».

1935 — Ayuno de protesta de Gandhi en Karachi.

1936 — El negro Jesse Owens bate el récord mundial en la Olimpíada de Berlín, con el consiguiente enojo de Hitler.

1937 — Samuel S. Laibowitz es detenido, acusado de violar a cinco jóvenes negras en Alabama.

1938 — El Tribunal Supremo de Estados Unidos obliga, en una sentencia, al Estado de Missouri a dar las mismas oportunidades a un estudiante negro en la universidad que a los estudiantes blancos.

1940 — Fallece en Londres Marcus Garvey, fundador de la Asociación Universal para la Emancipación de los negros.

1941 — El Congreso de Estados Unidos declara la guerra al Japón después de la sorpresa de Pearl Harbour.

1942 — George Houser, estudiante de teología de Chicago, funda el Movimiento juvenil CORE (Congreso de Igualdad Racial).

1944 — Martin Luther King ingresa en el Atlanta Morehouse College.

1945 — Fallece repentinamente el presidente Franklin Delano Roosevelt, en Warn Springs, Georgia.

1946 — Malcolm Little es encarcelado.

1948 — Martin Luther King ingresa en el Crocer Theological Seminary. Muere Mahatma Gandhi, asesinado por un fanático.

1950 — Martin Luther King lee *El cristianismo y la crisis social,* de Walter Rauschenbusch.
— Ralph J. Bunche obtiene el Premio Nobel de la Paz.

1952 — Malcolm X, sale de la prisión y funda la «Unidad Afronorteamericana».

1953 — Martin Luther King contrae matrimonio el 18 de julio con Coretta Scott. A fines de este año prepara su tesis doctoral. George C. Marshall obtiene el Premio Nobel de la Paz.

1954 — Martin Luther King llega como pastor a Montgomery, Estado de Alabama. Una sentencia del Tribunal Supremo declara ilegal la segregación escolar.

1955 — Nace la hija de Martin Luther King.
— Una tal señora Rosa Parks se niega a ceder su asiento en el autobús a un blanco, siendo detenida.
— Boicot negro a los autobuses.

1956 — El Ku-Klux-Klan pone una bomba en casa de Martin Luther King. El Tribunal se reúne en la ciudad para tomar medidas sobre el boicot negro a la compañía de autobuses, y al final decide inconstitucionalizar la segregación racial en los transportes públicos.
— Los representantes meridionales del Congreso firman una declaración lamentando el abuso cometido por el Tribunal Supremo con esta sentencia.

1957 — Martin Luther King funda la Conferencia de Líderes Cristianos del Sur.

— Luther King organiza la «Marcha por la Libertad». Viaja a Europa y África, siendo recibido por el papa Pío XII. El gobernador del Estado de Arkansas impide que los niños negros entren en una escuela pública de Little Rock.

1958 — King publica *Los viajeros de la libertad* y *La fuerza de amar.*

— Luther King es herido por arma blanca y es transportado al hospital.

— Siguen las disputas por la integración racial en las escuelas públicas.

— El joven negro, Jeremias Reeves, acusado de violación, es electrocutado a pesar de las peticiones formuladas para su indulto por Luther King y sus partidarios.

1959 — El juez del condado de Carolina, Virginia, condena a un año de prisión al matrimonio Richard y Mildred Loving, por realizar un casamiento interracial.

1960 — Multitud de negros adoptan la postura «sentada» en los sitios reservados a los blancos.

— El presidente John Fitzgerald Kennedy inaugura su mandato.

1961 — Se inician los «Viajes de la Libertad».

— Invasión de Cuba por los norteamericanos, y derrota de éstos en Bahía Cochinos.

1962 — El gobernador se resiste a que ingrese en la universidad el joven negro Meredith.

— Los estudiantes del Miles College inician un boicot contra los americanos blancos.

— Linus C. Panling obtiene el Premio Nobel de la Paz.

1963 — Martin Luther King es detenido en Birmingham.

— El Tribunal Supremo Federal falla favorablemente sobre el derecho de los negros.

— El mes de agosto tiene lugar la «Marcha sobre Washington», con unos veinticinco mil entre negros y blancos.

— Martin Luther King pronuncia su famoso discurso *Albergo el sueño de que un día...*

— El presidente Kennedy muere asesinado en Dallas.

1964 — Actividades del Ku-Klux-Klan en Florida y Georgia.

— Martin Luther King se pone al frente de un «Ejército por la Paz» en San Agustín, Estado de Florida.

— Martin Luther King obtiene el Premio Nobel de la Paz.

1965 — Muere asesinado Malcolm X.

— Martin Luther King llega a Los Ángeles, donde ha estallado la violencia.

— Marcha sobre Selma, Alabama.

1966 — Boby Seale, Huey Newton y Edridge Clever fundan los «Panteras Negras».

1967 — Marcha hacia Washington. Luther King entrega una nota al subsecretario general de la ONU.

— «Verano Negro» en Detroit y Newark. Luther King condena los hechos violentos.

1968 — Huelga, que se considera ilegal, de los barrenderos negros en Memphis.

— La negra Angela Davis es nombrada profesora ayudante en la universidad de Los Angeles.

— Martin Luther King llega a Memphis para encabezar una marcha, pero muere asesinado en el hotel donde se hospeda.

ÍNDICE

TETON COUNTY LIBRARY
JACKSON, WYOMING